高校学生管理工作与管理模式创新

马小英　著

中国商业出版社

图书在版编目(CIP)数据

高校学生管理工作与管理模式创新 / 马小英著. --
北京 ：中国商业出版社，2024.4
ISBN 978－7－5208－2890－1

Ⅰ. ①高… Ⅱ. ①马… Ⅲ. ①高等学校－学生－学校
管理－研究－中国 Ⅳ. ①G645.5

中国国家版本馆 CIP 数据核字(2024)第 076866 号

责任编辑:朱丽丽

中国商业出版社出版发行
(www.zgsycb.com　100053　北京广安门内报国寺 1 号)
总编室:010－63180647　编辑室:010－63033100
发行部:010－83120835/8286
新华书店经销
北京虎彩文化传播有限公司印刷
*
787 毫米×1092 毫米　16 开　7 印张　119 千字
2024 年 4 月第 1 版　2024 年 4 月第 1 次印刷
定价:45.00 元
* * * *
(如有印装质量问题可更换)

前　言

高校学生管理是一项复杂而系统的工作，涉及学生的思想教育、日常管理、学术指导、职业规划等多个方面。传统的学生管理模式往往刻意追求统一性和规范性，而忽视了学生的个体差异和自主性，导致学生缺乏独立思考和解决问题的能力，同时也限制了学生的创新精神和创造力。因此，高校要创新管理模式，注重学生的个性发展、自我管理以及团队协作能力的培养，提高高等教育的质量和效益，为社会输送优秀人才，促进教育可持续发展。

本书从高校学生管理工作入手，着重对高校学生日常事务管理、高校学生安全与心理健康管理进行了系统的分析，并探讨了高校学生管理模式创新。希望本书能够在高校学生管理工作与管理模式创新方面为读者提供参考与借鉴。

本书主要汇集了笔者在工作、实践中取得的一些研究成果。在撰写过程中，笔者参阅了相关文献资料，在此，谨向其作者深表感谢。

由于笔者水平有限，加之时间仓促，书中难免存在一些不足和疏漏，敬请广大读者批评指正。

马小英

2024 年 2 月

目　录

第一章　高校学生管理工作

第一节　高校学生管理工作的内容

一、高校学生学籍管理

（一）学籍信息采集

学籍信息采集主要涉及学生的个人信息、学习成绩、奖惩记录等方面的收集和整理工作。学籍信息的准确性和完整性对于高校学生管理至关重要。

学籍信息采集需要建立一个学生信息数据库，包括学生的基本信息，如姓名、性别、民族等以及学生的联系方式、家庭背景等。此外，还需要记录学生的学习成绩信息和所受奖惩情况，前者包括课程成绩、学术表现等，以便进行综合评价和学业辅导；后者包括荣誉奖项、违纪处分等，以便及时反馈学生的行为和表现。

学籍信息采集需要建立科学的信息采集流程和标准，可以借助现代技术手段，如学生信息管理系统、电子数据采集等，提高信息采集的效率和准确性。同时，还需要提高相关工作人员的专业素养和责任意识，确保信息采集过程的严谨性和合法性。

学籍信息采集还需要注重保护学生的个人隐私和信息安全。学生个人信息是隐私权的一部分，必须严格依法保护。在信息采集过程中，要遵循相关法律法规，采取必要的技术手段和管理措施，保障学生个人信息的安全，做好保密工作。

（二）学籍信息维护

1. 确保学生个人信息的准确性

学校应建立完善的信息采集系统，包括学生个人基本信息、入学信息、家庭信息等内容。在录入学生信息时，操作人员要仔细核对，确保输入的信息准确无误。此外，学校还应提供学生信息修改通道，使学生和家长能够及时更新个人信息。

2.及时处理学生学籍相关事务

学生转专业、休学、退学、复学等学籍变动情况的处理，都需要在信息维护中及时反映和更新。学校应设立专门的学籍管理部门或学籍信息维护人员，负责处理这些事务。他们要熟悉与学籍相关的政策和规定，确保学籍变动处理符合相关规定，并及时在学籍信息系统中进行更新。

3.确保学生学籍档案的完整性

学校应建立健全的学生档案管理制度，保证学生档案安全、可靠。学生的个人信息、成绩单、奖励证书等都应保存在学生档案中。学校应划定专门的档案管理区域，配备专门的档案保管人员进行管理。在学籍信息维护过程中，要注意各类档案的整理归档，及时将学生的重要信息存入学生档案，确保档案的完整性。

4.与其他学校管理系统进行良好的对接

学校的学籍管理系统应与人事管理系统、教务管理系统等相衔接，确保学生的学籍信息能够在相应的管理系统中得到应用。

(三)学籍变动管理

学籍变动涉及学生个体的情况变化以及学校的管理调整，需要学校及时、准确的记录和处理。

学籍变动管理是指对学生学籍的变动及时作出决策，并进行相应的处理和记录。学校应当建立相应的学籍变动管理制度，明确学生学籍变动的类型和处理流程。学籍变动可能涉及学生退学、转专业、休学、复学等情况，学校需要根据不同类型的变动制定相应的政策和操作规范。在变动处理过程中，学校应当及时与学生沟通，明确变动的原因和结果，并及时将变动情况记录在学生的学籍档案中，以便学校及时查阅和了解学生学籍变动历史。

二、高校学生德育管理

(一)德育理念与方法

1.德育理念应当以全面发展为导向

高校学生是社会的接班人，其人格与道德修养都应得到全方位的关注和培养。德育工作应注重培养学生的思想品质、道德情操、学术能力和社会行为等多个方面,使其得到全面发展。

2.德育方法要注重因材施教

每个学生都有其独特的品质、背景和需求,因此开展德育工作时必须根据学生的不同情况采取相应的方法。比如,可以通过个别辅导、团体活动、角色扮演等方式,使每个学生都能够得到个性化的德育培养。

(二)德育活动的组织

组织和开展各种形式的德育活动,可以有效地培养学生的思想道德素养,提升他们的综合素质。组织德育活动的目的在于通过活动的方式激发学生的参与热情,引导他们主动参与到德育实践中。

组织德育活动应注重活动的针对性和差异化。不同层次、不同专业的学生有着不同的德育需求,因此活动的设置应根据学生群体的特点和需求而进行精心策划。组织活动时要考虑学生的兴趣爱好、专业知识以及发展方向等因素,开展特色鲜明的德育活动,既能够满足学生的需求,又能够有效引导他们的成长和发展。

组织德育活动要注重活动的引导与服务。组织德育活动不仅是为了让学生参与其中,更重要的是通过活动引导学生思考人生、树立正确的人生观和价值观。因此在组织活动的过程中,应该注重给予学生积极的引导和思想指导,通过活动的形式和内容,引导学生深入思考人生意义、价值追求,提升他们的道德水平和人文素养。

组织德育活动应重视学生的参与和发展。活动成功与否在很大程度上取决于学生的参与程度和主动性。因此在组织活动时,应给予学生一定的自主权和发言权,让他们充分参与到活动的策划与实施中。同时,要给予学生必要的支持和帮助,鼓励他们发挥自己的特长和优势,培养其自信心和团队合作意识。

(三)德育效果评估

1.明确评估指标和标准

学校应根据德育目标和活动的实际情况,制定明确的评估指标和标准。这些指标和标准应综合考虑学生的思想品德、行为表现、社会责任感等方面的因素,确保评估结果的准确性和全面性。

2.评估方法是德育效果评估的重要内容

学校可以采用多样化的评估方法,如问卷调查、观察记录、案例分析等,对德育效果进行评估。问卷调查可以收集学生对德育活动的认知、感受和学生受影响程度等信息;观察记录可以直观地反映学生在德育活动中的表现和变化;案例分析则可以深入剖析特定学生的德育发展情况,从而得出更具体的评估结果。

3.注重结果的科学性和客观性

学校对评估结果应进行准确的统计和分析,以便对德育工作的优点和不足有客观的认识。基于评估结果,学校可以及时调整德育活动的策划和实施方案,进一步完善德育管理工作。

4.评估结果的反馈与应用至关重要

学校应将评估结果及时反馈给相关参与者,包括学生、教师和家长等。这样可以增强各方对德育工作的关注和支持,激发学生参与德育活动的积极性和主动性。

三、高校学生生活管理

(一)生活规则制定

学校应根据本校的实际情况和学生的需求,制定相应的生活规则。这些规则应当包含学生在宿舍、食堂、图书馆等场所的行为准则,以及学生与他人相处、尊重他人、遵纪守法等方面的规定。为了保证规则的有效性和合理性,学校可以向学生征集意见,让学生参与规则制定的过程。

在制定生活规则时,学校应注重常态化管理,即通过制定明确的规则和相应的处罚措施,使学生明确行为规范。这样一来,学生将在一个明确的约束框架下生活和学习,能够培养学生的责任意识和积极向上的行为习惯。

生活规则的制定还应考虑到学生的需求和发展。高校学生处于人生的关键阶段,他们需要有一定的自主权和选择权,而不是一味地受到限制和束缚。因此在制定规则时,学校应给予学生一定的自主管理权限,同时要注重培养学生的自我约束能力和社会责任感。

学校应建立健全的监督制度，确保生活规则的有效实施。监督者应该具备专业的知识和经验，能够公正、客观地对学生的行为进行评估与处理。学校可以设立学生督导员、宿舍管理人员等岗位，加强对学生的跟踪和管理，定期进行规则的宣传和培训，从而增强学生自觉遵守规则的意识。

（二）生活环境维护

高校应制定一套完善的生活环境管理制度，明确学生在宿舍内的行为规范和要求。这些规范和要求应涵盖宿舍内的布置、卫生、噪声控制等方面。例如，学生应爱护宿舍内的设施和家具，不得随意更换或损坏，保持宿舍整洁、干净；学生要保持宿舍内的安静，不得制造噪声影响他人休息和学习。这样的规定能够促使学生养成良好的生活习惯，增强他们维护生活环境整洁、卫生的意识。

高校应加强对宿舍楼、公共设施的管理和维护。定期检查和维修宿舍楼的房屋结构、门窗、电器设备等，确保宿舍的安全和正常使用。加强对公共设施的保洁工作，及时清理卫生死角和垃圾，确保宿舍楼内环境整洁。学校还应建立健全的设备维修和投诉处理机制，及时解决学生对生活环境的投诉，确保学生的合法权益得到有效的落实。

高校可以通过开展相关的教育活动，增强学生的环境保护意识和责任感。例如，举办环境保护讲座、开展环境保护主题活动等，引导学生了解环境保护的重要性，激发他们参与环境保护的热情和积极性。对学生加强环境保护的教育和宣传，让学生明白个人的行为和生活习惯对环境的影响，使他们养成良好的环境保护习惯。

高校可以积极与学生合作，让学生共同参与宿舍环境的管理和维护。例如，可以组织学生参与宿舍卫生和环境整治活动，让学生积极参与劳动，增强他们维护宿舍环境的责任感。同时，学校还可以鼓励学生提出改善宿舍环境的建议和意见，增强学生参与管理的积极性。

（三）生活问题处理

1. 建立健全的反馈机制

学校应该鼓励学生提出生活中遇到的问题和困难，并能够得到及时的回应。

学校可以建立咨询中心或者提供线上平台，方便学生随时提出问题。学生管理人员应该定期与学生进行面谈，询问他们的生活情况，及时了解并解决学生生活中遇到的问题。

2.提供多样化的解决途径

处理生活问题需要灵活应对，因此学校应该提供多样化的解决途径。除了学生管理人员的支持和帮助，学校可以设立专门的生活指导员或者组织学生事务委员会，由学生自行解决问题，分享经验和建议。学校还可以与社会资源合作，为学生提供心理咨询、法律咨询等服务，以便更好地解决学生在生活中遇到的问题。

3.注重问题解决的全过程管理

处理生活问题不能只关注解决问题的结果，还需要注重整个问题的解决过程。学校可以建立相应的记录和反馈机制，及时了解学生提出的问题、解决问题的具体过程，以便进行评估和改进。学校还应加强对学生的引导和教育，帮助他们提高自我解决问题的能力、效率和质量。

4.持续关注和改进

生活问题的处理工作需要持续关注和改进，以适应学生生活变化的需要。学校可以定期开展调查和评估，了解学生的需求和满意度，并根据反馈结果进行相应的调整和改进。学校还可以组织学生与学生管理人员之间的交流活动，以促进彼此的沟通与理解，进一步提高生活问题处理的效果。

（四）生活服务提供

学校为学生提供生活服务旨在满足学生各方面的需求，提升他们的生活质量和幸福感。为此，学校需要制定相应的生活服务政策和措施，以确保学生能够享受到全面而优质的服务。

学校可以在校内设立生活服务中心，提供各类服务和设施。生活服务中心可以开设学生餐厅、超市、图书馆、健身房等，为学生提供吃、住、行、学、娱乐等方面的便利。这些设施不仅能够满足学生的基本需求，还可以为他们提供良好的学习和生活环境。

学校可以积极引入外部资源，开展丰富多样的生活服务活动。例如，可以邀请专业机构或志愿者组织举办健康讲座，组织心理咨询、文化艺术等活动。

通过这些活动，学生可以获取生活技能，丰富自己的业余生活，并培养良好的兴趣爱好。

学校还可以与各种服务机构合作，为学生提供更加便捷的服务。例如，可以引入移动支付系统，方便学生在校内消费。学校可以与物流公司合作，建立快递代收点，方便学生收取邮件和包裹。学校也应加强对服务机构供应质量的监管，确保学生能够获得安全、便捷、高品质的服务。

学校应建立健全反馈机制，定期征集学生对学校提供生活服务的意见和建议。通过问卷调查、座谈会等形式，学校可以了解学生对此的满意度和其他需求，及时调整和优化服务内容与方式。

四、高校学生班级管理

（一）班级组织架构

在高校学生班级管理中，每个班级都需要一个明确的组织架构来确保学生管理和班级事务的顺利开展。

班级应设立班委会，由班级学习委员、组织委员、生活委员、文体委员等组成。班委会是班级内最高的管理机构，负责协调班级内事务，组织学习和活动。班委会的组成要合理，各委员之间要密切配合，共同提高班级管理水平。

班级应组建学习小组。学习小组有利于促进班级学风建设和学术进步。小组成员可以相互交流学习心得，共同解决学习中遇到的问题，提高学习效果。学习小组的形式可以是小组讨论会、学术研讨会等，通过这些学习活动，学生能够相互借鉴经验，相互激发学习兴趣。

班级内应设立各种管理岗位，如学习委员、组织委员、生活委员等。这些管理岗位的设置有助于管理班级内学习、组织和生活等方面的事务，确保班级正常运转。学习委员负责学习方面的管理，组织委员负责组织各类活动，生活委员负责班级生活的日常管理。这些管理岗位的设立能够激发学生主动参与班级管理的积极性，提高班级管理的效果。

在班级组织架构中，各类会议也是不可或缺的。班会、班级活动策划会、班委会等会议的召开能够促进学生之间的交流与合作，提高班级管理的有效性。会议的召开应合理安排时间和地点，并制定详细的议程，确保会议顺利进行并收到预期的效果。

（二）班级活动策划

精心策划各种班级活动，可以增进学生之间的交流与合作，丰富学生的课余生活，提高学生的综合素质。

班级活动策划对于促进学生之间的交流与合作具有重要意义。班级是学生进行日常交流的重要团体，可以为学生提供一个展示个性、交流思想的平台。例如，组织班级文化节、运动会、晚会等活动，可以让学生在活动中培养团队意识和合作精神，增进彼此之间的了解和友谊。同时，班级活动也可以激发学生的活动热情，提高他们的主动参与度和组织能力。

班级活动策划需要有具体的方法和步骤。首先，根据班级特点和学生需求进行调研，了解学生的兴趣爱好、意愿和建议。然后，根据调研结果确定活动的主题，确保活动具有吸引力和针对性。接着，制订详细的活动计划和时间表，明确活动的目标、流程、人员分工等。在活动实施过程中，需要注意合理安排资源，确保活动顺利进行，并及时总结经验教训，为下一次活动策划提供借鉴。

班级活动策划的实施效果需要进行评估和反思。对每次活动都进行评估，可以了解活动的效果和意义，发现不足之处并加以改进，同时及时反馈和讨论。这样可以收集学生的意见和建议，更好地满足他们的需求，不断提升活动策划的质量和水平。此外，还应与其他班级、学院或社团进行交流与合作，联合举办活动，扩大活动的影响范围，增加活动的多样性和互动性。

（三）班级纪律维护

加强班级纪律管理，可以促进学生的素质提升和全面发展。班级纪律维护包括多个方面，如加强班级纪律宣传教育、建立健全班级纪律体系、加强班级纪律的执法与监督等。

在加强班级纪律宣传教育方面，班级管理者应通过多种方式让学生了解班级纪律的重要性和遵守纪律的必要性。可以组织班会或班级日活动，通过分享班级纪律的意义和具体要求，引导学生形成纪律意识。此外，可以利用校园广播、班级公告栏等，定期发布班级纪律相关信息，对学生加强宣传教育。

在建立健全班级纪律体系方面，班级管理者需要制定明确的班级纪律规章制度。根据实际情况和学生特点，明确班级规范和行为准则。同时，要加强对班级活动的组织和管理，确保活动符合班级纪律和校规校纪，有利于学生的全面发展。

在加强班级纪律的执行与监督方面，班级管理者需要加强对班级纪律的执行力度。建立班级纪律执行机制，明确违纪违规处理办法，维护纪律的公平和公正。同时，要加强对学生行为的监督，及时发现和处理学生违纪行为，保持班级纪律的严肃性。

第二节　高校学生管理工作机构与团队

一、高校学生管理工作机构设置

（一）管理机构的组织结构

在高校学生管理工作中，合理的管理机构组织结构可以有效地推动学生管理工作的开展，提高学生管理的效果和质量。

1.具有明确的层级关系

明确的层级关系可以确保管理工作协调、顺畅地进行。一般来说，高校学生管理机构可以分为领导机构、部门机构和基层机构三个层次。领导机构负责对学生管理工作进行整体规划、指导和监督，部门机构负责具体的学生管理工作，基层机构则是各个学院、系、班级的学生管理组织。这种具有明确层级关系的组织结构可以利用上下级协调与配合的优势，推动学生管理工作有序开展。

2.具有分工明确的特点

不同的机构应该担负不同的职责和任务，避免工作重叠或职责不清的情况出现。比如，领导机构应该负责制定学生管理的目标和政策，部门机构负责具体的执行工作，而基层机构则负责更好地贯彻和执行各项具体的管理工作。明确的分工可以确保各个机构在学生管理工作中发挥各自的优势，提高整体的管理效能。

3.注重沟通和协作

不同层级机构之间要保持良好的沟通和协作，确保信息畅通和工作无障碍。例如，领导机构和部门机构之间可以通过定期会议、工作报告等形式进行沟通，基层机构和部门机构之间可以通过线上线下的协作平台进行信息共享和交流。这样的沟通和协作机制可以减少信息滞后和误解，提高学生管理工作的效率和准确性。

（二）管理机构的工作职责

管理机构承担着对高校学生的全面管理责任，包括对学生的思想、素质、学业、生活等方面进行全面指导和管理。管理机构应制定并实施相关的政策和规章制度，以保障学生的权益和利益，促进学生全面发展。管理机构应密切关注学生的心理健康问题，提供必要的心理咨询和支持，帮助学生解决困惑和缓解压力。

管理机构要指导各类学生组织的活动。学生组织是高校学生参与校园生活、锻炼领导能力的重要平台。管理机构应协助学生组织制订活动方案，提供必要的支持和资源，促进学生组织发展壮大。管理机构还要加强对学生组织的管理和监督，确保其活动符合学校的教育目标和法律法规。

管理机构应建立健全的学生信息管理系统。高校学生管理板块众多，涉及课程选修、学籍管理、奖（助）学金评定等方面，需要收集和处理大量的信息。管理机构应通过现代化的信息技术手段，建设学生信息管理系统，提高信息化水平，确保学生信息的准确性和安全性，为其他教学、科研和管理工作提供支持。

管理机构还应积极参与高校学生管理政策的研究和制定。高校学生管理工作是一个复杂而动态的领域，需要不断研究和创新。管理机构应关注学生管理领域的最新研究成果和发展动态，积极参与相关政策的制定和修订。同时，管理机构应通过与教育部门、学校领导以及其他相关部门的协作和沟通，推动学生管理工作在政策层面的完善和提升。

（三）管理机构的运行机制

管理机构应明确各岗位的职责和权限。不同的岗位在管理工作中扮演着不同的角色，因此需要明确各个岗位的职责范围和权限边界，避免职责不清、权限冲突等问题的出现。例如，管理员应负责学生的档案管理、考勤管理等工作，辅导员则负责学生的心理辅导和情感管理。明确职责和权限便于各个岗位的工作协调和高效运转。

管理机构应建立科学的工作流程和标准化的操作规范。可以制定清晰的工作流程，将管理工作划分成不同的环节和步骤，使工作的进行更加有序和规范。例如，在学生档案管理方面，可以建立学生档案、更新和存档流程，明确各个环节的具体操作要求。制定标准化的操作规范也有助于提高工作的质量和效率，减少操作中的差错和失误。

管理机构应加强信息化建设，推动管理工作的数字化和智能化。随着信息技术的快速发展，高校学生管理工作面临数据量大和信息流动快的挑战。因此，管理机构需要建立信息化平台，将各项管理工作纳入数字化管理系统。例如，建立学生档案管理系统，实现学生信息的录入、查询和统计分析等功能。同时，借助人工智能技术，可以对学生的行为数据进行分析，提供智能化的学生管理建议和预警。

管理机构应不断加强团队协作和沟通交流，营造良好的工作氛围。管理机构的运行离不开团队协作，因此需要建立有效的团队协作机制。定期组织团队会议，就工作进展和问题展开讨论和沟通，加强团队成员之间的交流与配合。同时，注重团队成员的培训和能力提升，提高团队整体的素质和水平。

二、高校学生管理工作者的素质要求

（一）管理工作者的专业知识要求

管理工作者需要具备扎实的教育学、心理学等相关学科的理论知识。通过对这些理论知识的学习和掌握，管理工作者能够更好地理解和把握学生的成长特点和心理需求，从而为他们提供有针对性的服务和指导。

管理工作者应具备一定的法律法规和政策方面的知识。高校学生管理涉及一系列的法律法规和政策，管理工作者在管理过程中必须遵循相关的规定。管理工作者需要了解并熟悉这些法律法规和政策，并能够准确地将其用于学生管理工作中，确保工作的合规性和专业性。

管理工作者需要具备跨学科的知识背景。高校学生管理是一项综合性的工作，涉及心理、教育、社会等多个领域。因此，管理工作者应该具备跨学科的知识视野，能够综合运用各个学科的理论和方法，更好地为学生提供全面的服务和支持。

管理工作者应不断地丰富专业知识，了解行业的最新发展动态，以保持自身的专业竞争力。管理工作者可以通过参加学术研讨会、培训班等，与同行进行交流，学习先进的管理理念和方法，不断提升自己的专业水平。

(二)管理工作者的道德品质要求

高校学生管理工作者应具备良好的道德修养和崇高的职业道德,以确保高校学生管理工作健康发展。

1. 诚信

管理工作者要具备坦诚、正直的品质,能够以真诚的言行与学生建立可信的关系。诚实守信是建立合作关系与共赢的基石,管理工作者在与学生和其他工作人员的沟通和交往中应遵循诚实守信的原则,避免虚假承诺或背信弃义的行为。只有保持真诚可信的形象,管理工作者才能给学生树立榜样,传递正确的价值观。

2. 道德情操

管理工作者应该具备高度的责任心和奉献精神,时刻以学生的发展为己任。这意味着管理工作者要秉持公正、公平、公开的原则,对所有学生一视同仁,不偏不倚。同时,他们应当保持学术严谨,遵循学术道德和研究规范,严禁抄袭、剽窃等不道德行为,以维护学术界的声誉。

3. 人际关系处理能力

管理工作者需要善于倾听,尊重学生的个体差异,关注学生的需求和问题。管理工作者也需要具备娴熟的沟通技巧,能够与学生建立良好的互动关系。积极的沟通能力可以帮助管理工作者及时了解学生的心声,解决他们的困惑和问题,促进学生全面发展。

(三)管理工作者的沟通能力要求

有效的沟通可以帮助管理工作者更好地与学生、教师以及其他相关人员进行交流和协调,从而推动学生管理工作顺利进行。因此,管理工作者需要具备以下三种沟通能力。

1. 良好的口头表达能力

管理工作者需要能够清晰地传达自己的想法和意图。他们应该能够用简洁明了的语言表达出自己的观点和要求,使学生和其他相关人员能够准确理解，并且能够积极参与到学生管理工作中。此外，管理工作者还应该善于倾听，理解并回应学生和其他相关人员的意见和需求。通过积极倾听和及时回应，管理工作者能够建立起有效的沟通桥梁，增强与学生和其他相关人员之间的互动和合作。

2.良好的书面表达能力

在学生管理工作中，书面沟通是常见且重要的一种沟通方式。管理工作者需要能够准确、清晰地书写各类管理文件、通知以及其他相关文档。他们应该具备良好的文字功底，能够用简练、准确的文字表述出自己的想法和意图，使文档能够被学生和其他相关人员轻松理解，并且能够收到预期的效果。

3.跨文化沟通能力

在如今的高校学生管理工作中，涉及的学生和相关人员可能来自不同的地域，具有不同的文化背景从而具有不同的价值观、习惯和思维方式。因此，管理工作者需要具备跨文化沟通能力，尊重并理解不同文化间的差异，避免由文化差异引起的误解和冲突，管理工作者才能更好地与学生和相关人员进行有效的沟通和合作。

三、高校学生管理团队建设

(一)管理团队构建原则

1.有明确的目标和职责分工

这是构建高校学生管理团队的关键。团队成员需要清楚地了解自己的具体职责，以便更好地完成工作任务。一个有效的管理团队应该由具有不同专业背景和技能的成员构成，以确保在各个方面都有专业的知识和技能。

2.重视团队成员的互补性和协作能力

一个有效的管理团队应该由互补的团队成员组成，他们的能力和经验能够互补，从而提升整个团队的绩效。此外，团队成员应该具备良好的沟通和合作能力，能够有效地与团队中的其他成员进行沟通和协调。

3.鼓励创新和持续学习

这是构建高效管理团队的重要原则。应该鼓励团队成员提出创新性的解决方案,以应对日益复杂的学生管理问题。此外,团队成员应该持续学习,提升自己的知识和技能,以适应高校学生管理环境的不断变化。

4.积极营造团队合作和共享的文化氛围

一个成功的管理团队需要建立一种开放和包容的文化氛围,鼓励成员之间合作和共享。团队成员应该感受到彼此的支持和尊重,能够相互分享知识和经验,促进团队整体发展和进步。

(二)管理团队的组织方式

为了保障学生管理工作的有效开展,高校需要合理安排和组织管理团队工作。下面将从多个角度探讨管理团队的组织方式。

管理团队可以根据职能划分,设立不同职责和特长的部门。例如,在管理团队中可以设立学籍管理部门、心理辅导部门、就业指导部门以及学生活动策划部门等,以便针对不同的学生需求和管理任务开展专业化的管理工作。

管理团队可以采取团队协作的方式进行工作。团队成员可以分工合作,互相配合,形成协同效应。例如,在学生活动策划方面,可以由不同的团队成员负责不同的活动策划和组织工作,以保证学生活动的多样性和质量。

管理团队可以通过召开工作会议、制订工作计划、设置目标等方式,有效组织管理工作。团队成员可以定期开会讨论,交流工作进展和遇到的问题,制订具体的工作计划和目标,以便更好地协同合作和推进管理工作。

管理团队可以引入先进的信息技术手段,提高工作效率和管理水平。例如,团队成员之间可以采用电子邮件、在线办公平台等工具进行沟通和信息交流,提高信息共享和工作协作的效率。

管理团队可以通过定期培训和学习,不断提升团队成员的专业素质和能力水平。例如,可以邀请相关专家举办培训讲座,组织团队成员参加学习班和研讨会等,以确保管理团队始终保持敏锐的洞察力,具备更加专业的学生管理知识。

(三)管理团队的激励机制

应该合理设计管理团队的薪酬体系,以激发团队成员的积极性。薪酬体系可以包括团队成员的基本工资、绩效奖金、岗位津贴等各种经济激励措施。在确定薪酬水平时，应充分考虑个体的工作表现和贡献，以确保激励机制的公平性和有效性。还可以设置一些非经济激励措施，如表彰个人和团队的优秀表现、提供个人发展机会等，以激励团队成员成长与进步。

正确认识团队成员的工作需要和职业发展需求，为其提供相应的职业发展路径和晋升机会。管理团队的成员在工作中的长远发展规划是他们积极工作的动力之一。高校学生管理工作对于各类人才的需求是多元化的，管理团队应及时了解成员的职业兴趣和发展方向，并为其提供培训、进修的机会，同时为其提供晋升和岗位变动的机制，以满足其工作和发展的需求。

鼓励团队成员之间的合作与交流，营造融洽的工作氛围。管理团队成员应相互支持、合作共事，以实现共同的团队目标。团队成员之间的合作可以通过定期的团队会议、工作坊、项目合作等形式来促进。还可以鼓励团队成员互相分享经验和互相学习，激发他们的创新思维和解决问题的能力。和谐的团队氛围将有助于激励团队成员更好地发挥自己的优势和潜力。

建立有效的绩效评估体系，将激励与表现挂钩。定期进行绩效评估，可以客观地评价管理团队成员的工作表现，同时也可以对表现优秀的成员和团队进行激励和奖励。绩效评估应该充分考虑团队成员的职责和工作目标，设定明确的绩效指标和标准，以确保评估的公正性和准确性。只有进行公正、有效的绩效评估，才能激发管理团队成员的工作动力和创造力。

(四)管理团队的运行效率

为了提高高校学生管理团队的运行效率，需要采取一系列的措施来优化管理团队的组织和协作方式。

1.建立清晰的责任分工和任务分配机制

明确每个成员的职责和任务，并将其与团队的整体目标紧密联系起来，可以有效提高团队的运作效率。团队中的每位成员都清楚自己所承担的责任，并能专注于完成自己的任务，避免工作交叉和重复。

2.建立高效的沟通与协作机制

团队成员之间的有效沟通是团队运行的关键。定期召开团队会议、利用沟通工具进行交流、设立共享平台等可以促进信息流通。建立一套明确的决策机制，使团队成员能够迅速作出决策并付诸行动，从而提高团队的响应速度和决策效率。

3.注重团队成员的培训和发展

管理团队成员应具备专业的知识和技能，以应对日益复杂的高校学生管理工作。应设立定期培训计划，为团队成员提供学习和提升自己专业素质的机会。还可以鼓励团队成员参与学术研究和行业交流，以拓宽其视野和提高其专业水平。

4.建立激励机制来激发团队成员的积极性和工作动力

给予团队成员一定的自主空间，为其提供公平而有竞争力的薪酬和福利待遇，可以激励他们更加投入地开展工作。此外，设立荣誉奖励机制，表彰和激励那些在团队中作出杰出贡献的成员。

四、高校学生管理团队培训

（一）培训目标设定

在高校学生管理团队培训中，只有设定明确的培训目标，才能为培训设计提供清晰的方向和指导。

培训目标应该与高校学生管理工作的特点和需求紧密相连。学生管理工作是具有特殊性和复杂性的工作，需要管理工作者具备一定的专业知识和技能，同时还要具备良好的沟通能力、团队协作能力以及解决问题的能力。因此，培训目标应该是提高学生管理工作者的专业素养、管理能力和创新意识，使他们能够更好地应对各种学生管理问题。

培训目标应该注重培养学生管理工作者的实践能力。学生管理工作需要在日常工作中积累经验，并能够灵活运用所学知识解决实际问题。因此，培训目标不仅在于理论知识的传授，还应在于培养学生管理工作者的实际操作能力和应变能力。通过培训，学生管理工作者能够灵活运用所学的理论知识，并能够在实践中不断改进和创新。

培训目标还应该关注学生管理工作者的自我发展和提升。学生管理工作是一个不断学习和变化的过程，学生管理工作者需要不断提升自己的综合素质和职业素养。因此，培训目标应该是帮助学生管理工作者认识到自身的发展需求，并为其提供相应的培训内容和资源,以促进他们在职业发展中不断成长和进步。

培训目标还应该与高校学生管理团队的整体发展相结合。高校学生管理工作是一个团队协作的过程,培训目标不仅要关注个体能力的提升,还要关注团队的协调与合作。因此,培训目标应该是促进团队成员之间的良好沟通和协作,培养其团队合作意识和团队建设能力,以提高整个学生管理团队的综合素质和工作效能。

(二)培训内容设计

在高校学生管理团队培训中,合理设计培训内容,能够提升学生管理团队成员的素质和能力,促进团队工作高效进行。

1.明确培训目标

培训目标应当与高校学生管理团队的发展需求相匹配。仔细分析团队的现状和发展方向,明确培训所要达成的具体目标。例如,团队成员可能需要提升沟通能力,加强解决问题的能力,提高领导能力等。这些明确的目标可以帮助培训者更有针对性地开展培训,增强培训效果。

2.注重内容的丰富性

培训内容应包含理论知识、实践案例、技能训练等多个方面。通过理论知识的传授,团队成员可以系统地学习相关的学科知识和学术理论,为实际工作提供理论支持。分享实践案例可以帮助团队成员了解成功的经验和吸取失败的教训,从而更好地借鉴和指导实际工作。开展技能训练可以锻炼团队成员的实际操作能力,提高工作的效率和质量。

3.理论与实践相结合

培训内容应该具有实践性和可操作性,能够与实际工作紧密结合。团队成员可以通过真实的案例分析、模拟演练、实地考察等方式,将所学到的理论知识应用到实际工作中。这样做有助于培训效果的巩固和转化,使培训成果能够真正应用于学生管理工作中。

(三)培训的方法与途径

为了有效地提升高校学生管理团队的素质,培训是必不可少的一环。在选择培训方法和途径时，需要综合考虑培训目标和内容设计，以及学生管理团队的需求和特点。下面介绍几种常见的培训方法和途径。

1.创造性活动

通过参与各种实践活动，如团队合作、角色扮演、情景模拟等，学生管理团队成员可以在实际情境中锻炼自己的管理能力和解决问题的能力。这种培训方法能够将理论知识与实践相结合，激发团队成员的主动性和创造力，使其更好地适应实际工作。

2.专家讲座

邀请相关领域的专家进行讲解和分享，可以使学生管理团队获取最新的管理理论和实践经验。专家讲座可以为团队成员提供与专家面对面交流的机会，激发其思考和学习兴趣。同时，专家的经验和观点也可以帮助团队成员对学生管理工作有更深入的认识和理解。

3.学习交流平台

学生管理团队可以通过建立内部交流平台，如微信群、论坛等，促进成员之间的沟通和交流。在这个平台上，学生管理团队成员可以分享经验、讨论问题、互相学习。通过与其他团队成员的交流，学生管理团队的成员可以互相启发，共同提高。

4.参观考察

通过参观其他高校的学生管理工作机构，学生管理团队可以了解不同学校的管理模式和经验。参观考察可以拓宽学生管理团队成员的视野，引发他们思考和创新，进一步提高他们的管理水平。

第三节　高校学生管理工作的创新

一、高校学生管理理念的创新

（一）人本管理理念

人本管理理念以尊重和关注学生的需求、权益为核心，强调学生在管理中的主体地位，注重培养学生的自主性和创造力。通过引入人本管理理念，高校能够更好地满足学生的多样化需求，增强学生的参与感和归属感，提高学生满意度。在人本管理理念的创新中，高校学生管理需要从多个维度进行思考和实践。

高校应加强学生参与决策机制建设，充分倾听学生的意见和建议，在制定管理政策和规定时充分考虑学生的利益和意愿。高校还应重视培养学生的自主性和责任感，通过开展社团活动、实践实习等方式，激发学生的自主学习意识和创新能力，使其在管理过程中能够发挥更大的作用。

人本管理理念的创新需要高校建立良好的沟通渠道和反馈机制，及时了解学生的需求和反馈，及时解决学生在管理过程中遇到的问题和困难。高校可以通过定期开展问卷调查、座谈会等方式，与学生保持互动，让学生参与到管理的改进中来，增强学生的主动性和参与感。

高校学生管理还需要关注学生的成长和发展，倡导个性化发展，为学生提供个性化的发展机会和支持。高校可以通过制订个性化培养计划、开设个性化导师制度等方式，帮助学生全面发展，实现自身的理想和目标。

（二）共享管理理念

共享管理理念以共同参与和共同决策为核心，将学生视为管理的主体，注意充分发挥学生的主动性和参与性。在共享管理理念的指导下，高校学生管理不再是单向的控制与指导，而是建立起学生与管理者之间的平等合作关系，共同推动管理发展。

共享管理促进了学生的参与意识和责任感的提升。在传统高校学生管理中，学生往往处于被动接受的状态，缺乏有效的参与机会，无法真正感受到自己在学校管理中的作用和责任。而共享管理激发了学生的内在动力和主动性，使他们能够更加积极地参与到学校管理中。学生通过参与管理决策、参与活动组织等方式，亲身体验到管理的过程与结果，感受到自己的影响力和价值，从而培养了责任感和担当精神。

共享管理强调学生与管理者之间的密切合作与沟通。在传统高校学生管理中，学生和管理者之间存在较大的隔阂，信息的传递和沟通有限，容易导致管理者对学生的需求和反馈缺乏了解。而共享管理通过建立学生与管理者之间的互动平台和多元化沟通渠道，实现了信息的畅通性和反馈的及时性。管理者积极倾听学生的声音和意见，充分考虑学生的需求，将学生的反馈纳入管理决策中，从而使学生在校园管理中发挥更大的作用，增加管理效果的可持续性。

共享管理也倡导管理资源的公平共享和利益的多方共赢。在传统高校学生管理中，资源的分配和使用往往存在不公平，容易导致部分学生群体利益受损。而共享管理通过公开、透明的资源分配机制和公正、合理的决策程序，确保了管理资源的公平性和透明度。共享管理还强调多元利益的平衡，将学生个体利益与整体利益紧密结合，在管理过程中寻求各方的共赢与和谐。

二、高校学生管理体制的创新

（一）垂直管理体制

传统的垂直管理体制往往以校长为核心，各级学生管理部门按照层级关系进行管理和指导。然而，随着社会和高校的发展，这种传统的垂直管理体制日益暴露出一些问题和不足。为了有效应对这些问题和不足，高校应采取以下措施及手段。

首先，高校应建立以学生为中心的管理模式，将学生的需求和利益放在首位，实现高校学生管理工作的个性化和差异化。高校可以通过设立学生代表制度、班委会等组织形式，提升学生参与管理的积极性和主动性，使学生能够真正参与到高校学生管理的决策过程中。

其次，高校应建立多层次、多元化的管理团队。高校学生管理工作涉及多个方面，如学业指导、心理健康、社会实践等。传统的垂直管理体制难以胜任如此丰富多样的任务，因此需要建立由不同专业背景、不同职能的管理人员组成的团队。这种多层次的管理团队可以更好地适应学生专业化、多样化的需求，为学生提供更全面、细致的服务。

最后，高校应引入先进的信息技术手段。信息技术的迅速发展为高校学生管理带来了前所未有的机遇。通过搭建网络平台、开发学生管理软件等方式，高校可以实现学生管理信息的快速传递和共享。学生可以通过网络平台进行选课、查询成绩、请假等日常事务，这提高了学生管理工作的效率和便利性。

（二）横向管理体制

在高校学生管理中，横向管理体制强调协同合作、交流分享和平等互动的原则，不仅能够提高管理效能，还能够促进学生发展和创新。在传统的垂直管理体制中，学生和管理者之间存在明显的上下级、权威和从属关系，而横向管理体制则打破了这种层级关系，强调学生和管理者之间的平等合作。横向管理体制的创新主要体现在以下几个方面。

1. 横向管理体制注重团队合作和协同工作

在传统的垂直管理体制中，管理者通常是单向的命令者，而横向管理体制则鼓励学生和管理者的平等参与和合作。横向管理体制通过建立学生和教师之间的合作小组或团队，实现资源共享、信息交流和任务分工，从而提高管理效能。

2. 横向管理体制强调开放式沟通和交流

在传统的垂直管理体制中，学生往往只能被动地接受管理者的指示和安排，而横向管理体制则鼓励学生和管理者进行互动沟通。通过开展学生代表选举、座谈会和工作坊等形式的交流活动，学生可以积极表达自己的想法和需求，而管理者可以及时了解和回应学生的意见和反馈。

3. 横向管理体制鼓励学生参与决策和管理

在传统的垂直管理体制中，学生的参与度往往较低，决策权和管理权主要由管理者掌握。而横向管理体制则在决策和管理过程中强调学生的参与和贡献。通过建立学生参与决策的机制和途径，如学生代表会议和学生评议制度，学生可以直接参与到学生管理决策和执行中，从而提高学生管理的科学性和民主性。

4. 横向管理体制倡导共建共治的管理文化

在传统的垂直管理体制中，学生管理常常被视为单向的管理，而横向管理体制则强调学生和管理者共同建设学生管理文化。通过培养学生的共同责任意识、公平公正意识和自我管理能力，横向管理体制能够促进学生管理的协作共赢和持续发展。

（三）网络化管理体制

利用互联网和现代信息通信技术，高校能够更加高效地管理学生，为学生提供更好的服务和支持。

首先，网络化管理体制为高校学生管理提供了新的平台和途径。传统的学生管理方式主要依赖于面对面交流和纸质文档处理，限制了信息的传递和反馈速度。而网络化管理体制可以通过学校管理系统或在线平台，实现学生信息的在线录入、查询和更新。学校管理人员可以通过网络实时了解学生的情况，及时采取相应的措施，提高管理效率。

其次，网络化管理体制能够促进学校和学生之间的沟通和交流。学生可以通过网络平台与学校管理人员进行实时沟通，反馈问题和需求。学生不再需要亲自前往教务处或学生事务办公室等部门，只需通过网络平台提交相应的申请进行咨询。这大大降低了学生的时间和精力成本，增加了学生与管理人员之间的互动和合作。

再次，网络化管理体制提供了更多的在线资源和服务。学校可以建立电子资源库，提供与学生管理相关的资料、政策、规定等。学生可以通过网络平台查询和下载相关资料，提高自我管理和了解学校政策的能力。此外，学校还可以利用网络平台开展在线辅导、学术讲座等活动，为学生提供更多的学术支持和学习资源。

最后，网络化管理体制能够更好地满足学生的个性化需求。学生在网络平台上可以根据自己的兴趣和专业选择相应的选修课程、实践项目等，进行更多的个性化选择。通过网络平台收集学生的反馈和评价，学校可以更好地了解学生的需求和意见，优化管理措施，提供更符合学生个性化需求的服务。

三、高校学生管理方法的创新

（一）科技化管理

科技的迅猛发展给高校学生管理带来了全新的机遇和挑战，科技化管理方法的创新成为高校学生管理的一大趋势。

利用信息技术手段对学生信息进行管理，可以提高管理的效率和准确性。学生信息化管理系统的建设和应用，不仅可以方便学校获取学生信息，还能够有效地开展学生档案管理、学籍管理等工作。

利用互联网技术与学生进行交流与互动，能够大大拓展学生管理的广度和深度。学校可以通过建设学生管理网站或者使用社交媒体平台，与学生及时沟通，发布学校政策、通知和活动信息，解决学生的问题，为学生提供帮助。这样不仅能够增强学生对学校的归属感和认同感，还能够更好地了解学生的需求和意见，帮助学校进一步优化学生管理工作。

利用大数据分析和人工智能技术，可以对学生行为进行全面的监测和分析，为学生管理提供有针对性的支持和指导。通过对学生数据的统计分析，学校可以及时发现学生存在的问题，预测学生的发展趋势，帮助学生规划学业和发展，并为其提供个性化的学习和生活指导。

科技化管理方法的创新还表现在高校学生管理的智能化进程中。利用智能化设备和应用，如面部识别系统、智能手环、智能教室等，可以实现对学生的实时监控和管理。这些智能设备能够帮助学校有效解决学生出入校园的安全问题，提供实时的学生位置跟踪和行为监测，为学生提供个性化的学习环境和服务。

（二）数据化管理

数据化管理方法是指高校在学生管理中充分运用现代科技手段，收集、分析和利用大量学生数据来指导管理工作的方法。随着信息技术的快速发展和智能化设备的广泛应用，数据化管理方法在高校学生管理中逐渐引起重视并得到了广泛应用。

数据化管理方法能够帮助高校学生管理者全面了解学生的情况。通过信息系统的建立和学生数据的收集，学生管理者可以获得学生的个人信息、学习情况、行为习惯等各个方面的数据。这些数据能够给管理者提供全面、准确的信息，帮助他们更好地了解学生的需求和问题，为学生提供有针对性的帮助和指导。

数据化管理方法能够实现个性化管理。在传统管理方法中，学生一般被视为一个整体，难以满足不同学生的个性化需求。而通过数据化管理方法，管理者可以根据学生的个体差异，设置个性化的学习计划和管理方案。通过对学生数据的分析，管理者可以发现学生的特长和不足，从而有针对性地提供必要的指导和支持。

数据化管理方法能够实现精准预测和干预。通过对学生数据的分析，管理者可以发现学生在学习和生活中存在的问题和困难，并及时采取相应的干预措施。比如，通过分析学生的学习数据，教师可以判断学生是否存在学习障碍，进而及时提供帮助和辅导，避免问题进一步恶化。通过数据化管理方法，管理者可以及时发现学生的潜在问题，精准地进行预测和干预，提高学生的学习成绩和综合素质。

数据化管理方法能够促进高校学生管理工作的科学化和规范化。通过数据化管理方法，学校可以建立完善的数据管理系统，并制定相关的管理流程和规定，实现学生管理工作的科学化和规范化。数据化管理方法的应用，可以减少主观干扰和人为偏见，提高管理的效率和公正性。

（三）情境化管理

情境化管理方法是一种基于实际情境的学生管理方法，要求管理者根据不同的情境与学生进行沟通和互动，以求收到有效的管理效果。情境化管理方法的创新是高校学生管理领域的一个重要趋势，它能够更好地适应当前高校学生群体的特点和需求。

1. 注重个性化管理

不同的学生有不同的特点和需求，传统“一刀切”的管理方法往往无法满足这种个性化需求。情境化管理方法通过了解学生的个体差异，为每个学生制定相应的管理策略，使学生能够在符合自身特点的情境中得到更好的发展和管理。

2. 倡导合作共建的管理理念

管理者不是单方面地对学生施加管理，而是与学生共同探讨和解决问题。管理者可以与学生进行项目合作或者参与学生的团队活动，通过合作共建的方式来推动学生发展。这种合作共建的管理理念有助于增强学生的主动性和责任感，提高管理效果。

3. 强调实践与理论的结合

学生管理不仅仅是理论知识的传授，更重要的是将理论知识应用到实践中。情境化管理方法鼓励学生在实践中进行学习和探索，通过实际应用，使学生更好地理解和掌握知识。这种实践与理论相结合的管理方法，能够更好地培养学生的实践能力和解决问题的能力。

4. 注重激励和激发学生的主动性

传统的管理方法往往过于强调约束和惩罚，而情境化管理方法更注重激励和奖励机制。给予学生自主选择权并注重学生的个人发展和成就，能够激发学生的学习动力和积极性，增强学生的自我管理能力。

四、高校学生管理文化的创新

（一）尊重个性

传统的管理方式往往忽视了学生的个体差异性和特点，更多地关注集体规范和普遍适用的管理方法。然而，每个学生都是独特的个体，拥有不同的兴趣、价值观和发展需求。因此，高校学生管理需要创新，需要建立一种尊重个性的管理文化。

尊重个性意味着充分了解每个学生的特点和需求。学生管理者需要与学生进行沟通交流，了解他们的兴趣爱好、优势和弱点，以及他们的人生目标和成长追求。通过与学生建立良好的关系，管理者可以更好地了解学生的需求，为他们提供个性化的支持和指导。

尊重个性需要给予学生更多的自主权和参与权。传统的高校学生管理往往偏向于实施一种“管理者中心、学生被动”的模式，而忽视了学生的主体性和自主性。尊重个性的管理文化要求管理者赋予学生更多的决策权和参与权，让他们参与学校管理的决策和规划过程。通过这种方式，学生可以更好地发挥自己的创造力和主动性，实现个人的成长和发展。

尊重个性还需要为学生提供多元化的发展机会和支持。每个学生都有自己的潜能和特长，高校学生管理应该创造条件，让他们能够充分发挥自己的优势。例如，学校可以通过开设各种兴趣小组、社团组织和项目实践等方式，为学生提供多样化的发展机会。管理者也应该关注学生的发展需求，提供有针对性的支持和培训，帮助学生充分发挥自己的潜能。

（二）激发潜能

1. 培养自主学习能力

在传统的高校学生管理中，常常存在一种被动教育的倾向，学生被动接受知识，缺乏自主学习能力，在激发学生潜能的管理文化的同时要注重培养学生的自主学习能力。高校可以引入问题导向的学习模式，鼓励学生主动思考、独立解决问题。同时，提供丰富的学习资源和平台，让学生能够自主选择学习内容、参与感兴趣的项目，培养他们主动学习的习惯与能力。

2. 激发创新创业精神

在当今社会，创新创业精神已经成为高校学生必备的能力。因此，激发学生潜能的管理文化应当强调积极培养学生的创新创业意识。高校可以建立创新创业基地，提供创新课程和创业实践机会，鼓励学生提出创新创业方案，并支持他们的实践。同时，营造积极的创新创业氛围，如邀请成功创业者分享经验、举办创新创业比赛等，激励学生勇于创新，敢于创业。

3. 倡导多元发展

高校可以开设多样化的选修课程，让学生能够选择自己感兴趣的领域进行深入学习。鼓励学生参加各类社团、社会实践活动，培养他们的社交能力和团队协作精神。高校可以通过提供多元化的发展渠道和机会，促使学生发掘自己的潜能，从而最大化地实现自身价值。

4.提供个性化指导

每个学生都具有独特的潜能和特长，激发学生潜能的管理文化应当注重个性化指导。高校可以设立个人导师制度，使每位学生都能够拥有一位导师指导其学习和发展。导师应当了解学生的兴趣、能力和发展需求，给予学生个性化的建议和指导。高校还可以利用现代科技手段，如人工智能导师系统，为学生制订个性化的学习计划和发展方向。个性化指导能够激发学生的潜能，使他们在个人成长和发展上得到更好的支持和引导。

(三)提升幸福感

传统的高校学生管理往往只注重学生的学业表现和竞争力，而忽略了学生的内心需求和对学生的情感关怀。为了改变这种状况，高校需要在学生管理中建立一种注重幸福感的管理文化。

1.关注个体需求

每个学生都有自己的个性和需求，学生管理要注重尊重和关怀学生的个体差异。高校可以通过定期的个体辅导和心理咨询，帮助学生了解自己的需求和潜力，并提供相应的支持和指导。高校也可以为学生提供充分的选择空间和决策权，让他们能够参与到管理决策中，让他们感到被尊重和被关注。

2.激发学生潜能

每个学生都有自己的潜能和才华，可以通过开展丰富多彩的课外活动和社团活动，鼓励学生参与并发挥自己的特长和潜能。还可以提供创新创业的机会和平台，激发学生的创造力和创新思维，让他们有更多的机会去实践和展示自己的能力。

3.营造积极向上的学习和生活氛围

学生进入高校不仅是为了学习知识，更是为了成长和发展自己。营造积极向上的学习和生活氛围，可以激发学生的学习热情和兴趣。鼓励学生之间的互助和团队合作，促进他们的交流和社交技能的发展，增强他们的自信心和归属感。同时，重视学生的身心健康，提供必要的支持和帮助，让学生能够充满活力和幸福感地度过大学生活。

第二章　高校学生日常事务管理

第一节　高校学生学习管理

一、学习计划管理

(一)学习计划的制订

学习计划的制订需要考虑多方面的因素,包括个人能力、学科特点、时间分配等。

学生需要明确自己的学习计划和完成计划所需耗费的时间。例如,一门课程需要在一个学期内完成,学生可以将整个学期划分为不同的阶段,确定每个阶段需要完成的任务。这样做可以帮助学生掌握好学习节奏,不会因为任务过多而感到压力过大。

学生还需要考虑学科特点。不同学科有不同的学习方法和技巧,只有了解并运用合适的学习方法,才能提高学习效果。例如,对于语言类学科,学生可以通过多读、多写来提高自己的语言表达能力;对于理论类学科,学生可以通过做题、复习等方式来巩固知识。因此,学生在制订学习计划时要考虑到学科特点,有针对性地安排学习任务。

除了个人能力和学科特点,时间分配也是学习计划制订的重要因素。学生需要根据自己的实际情况合理分配时间,不仅要考虑到课程学习,还要考虑到其他活动和休息的时间。充足的休息和娱乐时间可以帮助学生保持学习的动力和精力,避免学习疲劳。

(二)学习计划的执行与跟踪

在高校学习中,学生只有有效地执行学习计划,并及时进行跟踪,才能确保学习目标的实现和学习效果的提升。

1.学习计划的执行要求学生具有良好的自律能力

学生在大学时期拥有更多的自由和选择，因此自律能力对于学习计划的顺利执行至关重要。学生应该根据学习计划制定合理的时间表，并严格按照时间表进行学习。学生还应该具备良好的时间管理能力，避免拖延和浪费时间的行为。只有做到自律，学生才能高效地执行学习计划。

2.学习计划的执行要求学生具备良好的执行力和耐力

学习计划往往要求学生完成一系列的任务和学习活动，这需要学生具备强大的执行力和耐力。学生应该养成积极、主动地完成学习任务的习惯，不将任务拖延或搁置。学生还应该为自己设定明确的学习目标，并时刻保持对这些目标的追求和努力。学生只有坚持不懈地执行学习计划，才能收到预期的学习效果。

3.对学习计划进行有效的跟踪和反馈

学生应该不断地对自己的学习进展进行评估和反思，及时调整学习计划。跟踪可以通过制定每日、每周或每月的学习进度表来实现。学生可以将已完成的任务和计划进行勾选或标记，以便清晰地了解自己的学习进度。同时，学生还应该记录学习过程中的困惑和问题，以便在适当的时候向教师或同学寻求帮助。通过跟踪和反馈，学生能够及时发现问题并进行调整，以便更好地实现学习计划中设定的目标。

（三）学习计划的调整与优化

在实际学习过程中，学生常常会遇到各种情况和挑战，导致原定的学习计划不能适应实际情况。因此，学生应当及时调整与优化学习计划，以确保学习高效进行。

学习计划的调整应当基于对学习过程的全面评估。学生需要认真分析自己在学习中遇到的问题和困难，了解自己的学习节奏和学习需求。只有对学习有了全面评估，才能了解自己的学习状态和学习目标是否相符，从而进行有针对性的调整。

学习计划的调整应当考虑时间安排的合理性。学生应该合理安排每天的学习时间，充分考虑到不同科目的学习难度和学习任务的紧迫程度。根据实际情况，可以对学习计划中的学习内容进行适当调整，以确保每天都能够充分利用有限的时间进行学习，并且不至于过度紧张或过于放松。

学习计划的调整应当注重灵活性和实效性。在学习过程中，难免会遇到一些紧急情况或者受到重要事务的干扰，这时候学生需要根据具体情况作出相应的调整。同时，学生应该根据自己的学习效果和反馈，及时对学习计划的执行情况进行评估，发现问题并及时调整，保持学习计划的实效性。

学习计划的调整还需要注重目标的设定和周期性的评估。学生应该明确自己的长期学习目标和短期学习目标，定期进行学习计划的评估和修正。通过对学习计划的周期性评估，学生能够更好地了解自己的学习进展和问题所在，从而及时调整学习计划，达成预期的学习目标。

二、学习方法的指导与管理

（一）学习方法的选择与应用

在高校学习中，学习方法的选择应基于个人的学习特点和目标，不同的学科和学习任务需要采用不同的学习方法。

1. 多种渠道的学习

学生不能依赖于课堂教学，还需要通过阅读课外书籍、借助互联网资源、参加学术讲座等多种方式进行学习。学生通过多种渠道的学习，可以拓宽自己的知识面，加深对学科知识的理解。例如，在学习一门外语时，除了上课听讲解、做练习，还可以通过看电影、听歌曲、与外国人交流等方式来提升语言运用能力。

2. 实践与反思相结合

学生应该通过实际操作来巩固所学的知识和技能。例如，在学习计算机编程时，学生可以通过编写小程序、解决实际问题等方式来提升自己的编程能力。学生还需要及时进行反思和总结，分析自己在实践中的不足和问题，并加以改进。通过实践与反思的结合，学生能够更好地将理论知识转化为实际能力。

3. 合理规划学习时间

学生应该合理分配学习时间，将重点任务和难点知识放在合适的时间段进行学习。例如，对于一个复杂的学习任务，学生可以将更多的时间分配在理解和消化知识上，而将一些简单的任务放在较短的时间内完成。合理规划学习时间可以提高学习效率，避免因时间不足而导致学习效果不佳。

4.灵活运用学习资源

学生应该充分利用学校和社会提供的各类学习资源，如图书馆、实验室、网络平台等。这些资源可以提供学生所需的学习资料和设备，帮助学生更好地进行学习。同时，学生还应该与同学、教师等进行交流和合作，互相借鉴和帮助。灵活运用学习资源，可以拓宽学生的学习视野，提高学习效果。

(二)学习方法的实效性分析

学习方法的实效性，即这些方法能否真正提高学习效果。从以下几个方面对学习方法的实效性进行分析，并探讨如何持续改进学习方法。

1.关注学习方法的科学性和合理性

一个有效的学习方法应该基于科学的理论和经验，并且与学科特点相契合。通过深入研究学习领域的理论基础和相关研究成果，教师可以选择和应用那些被证明具有较高实效性的学习方法。只有在理论和实践的基础上进行方法选择，才能提高学习效果。

2.考虑学习方法的适应性和灵活性

学习是一个复杂的过程，不同的学生有不同的学习风格、认知特点和学科需求。因此，学习方法必须能够满足不同学生的需求，能够灵活调整和适应不同的学习场景。例如，对于某些学生来说，他们可能更适合通过阅读和写作来理解和掌握知识，而对于另一些学生来说，他们可能更喜欢通过实践和讨论来学习。因此，教师需要根据学生的需求和偏好来选择和调整学习方法，使其更加适应学生的实际情况。

3.与学习环境和资源支持息息相关

学习环境应该提供良好的学习氛围和条件，包括舒适的学习场所、先进的学习设备和资源等。学习资源应该充足且高质量，可以支持学生进行有效的学习。例如，学校图书馆和电子图书馆应该提供丰富的学习资料，教师应该及时提供准确的学习指导和反馈。只有在良好的学习环境和资源的支持下,学习方法才能发挥出最大的实效性。

4. 不断探索和尝试新的学习方法

随着时代的变迁和科技的发展,学习方法在不断演进。教师应该时刻关注学习研究的最新成果和潮流动态,尝试运用新的学习方法进行实践。通过对比实践结果,教师可以评估和改进学习方法,使其不断满足学生的需求和时代的要求。

(三)学习方法的持续改进

为了提高高校学生的学习效果,教师需要不断改进学习方法。

通过多样化的学习方式来丰富学习体验。例如,除了传统的课堂讲解和教科书阅读,学生还可以尝试通过参观实地、听讲座、参与实践等方式来获取知识。这样一来,学生可以更加直观地理解学习内容,并且能够在实践中运用所学的知识。

利用现代科技手段来改进学习方法。随着科技的发展,有了更多的学习工具和平台,如在线教育、教育 App 等。通过运用这些工具,学生可以根据自己的学习需求,灵活选择学习资源和学习方式。例如,学生可以通过在线学习平台观看视频课程、参与在线讨论、进行在线练习等。这种方式不仅便利,还能够更好地适应学生的学习节奏和学习风格。

鼓励学生进行学习方法的交流与分享。每个学生都有自己独特的学习方法和经验,通过分享和交流,学生可以互相借鉴和学习。例如,学生可以组织学习小组,定期进行经验分享和学习方法的讨论。在这个过程中,学生可以互相启发,发现并尝试新的学习方法,从而提高学习效果。

学习方法的持续改进需要学生的自我评估和反思。学生可以定期进行自我评估,反思自己的学习方法是否有效以及有哪些需要改进的地方。在这个过程中,学生可以找到自己的学习偏好和能力,并相应地调整学习方法。同时,学生还可以向教师、同学、家长等寻求反馈和建议,从而更好地改进自己的学习方法。

三、学习能力的培养与提高

(一)学习能力的评估与识别

在学习能力评估过程中,可以采用量化和非量化的方法进行检测。量化的评估方法通常包括学习成绩统计、学习效率指标的测定以及学习态度问卷调查等。对学生的学习成绩进行统计分析，可以从中了解其在不同学科和各个学期的成绩表现，从而得出其学习能力的整体水平。学习效率指标的测定可以通过测验学生在特定时间内对知识的掌握程度和学习速度，以及对学习过程的思考和总结能力进行评估。学习态度问卷调查主要从学生学习的态度、动机以及学习自我效能等方面进行评估，用于了解学生的学习态度和意愿以及对学习的自信程度。

非量化的评估方法相对更加主观，但同样重要。非量化可以通过观察学生在学习过程中的表现和行为来进行评估。例如，观察学生的学习方法选择，是否具有良好的学习习惯，是否具备良好的时间管理能力等。非量化也可以进行个案访谈，了解学生对学习的态度、对学习难点的理解和应对策略等。这些非量化的评估方法能够帮助教师全面地了解学生的学习能力和学习特点。

评估学习能力并非只有一次，而是一个动态的过程。评估结果的识别和解读需要综合考虑多个指标和因素。评估结果的识别要基于具体的参考标准和学生群体的比较进行。对学生个体而言，评估结果的识别应该充分考虑其学科特点、学习历程、学习目标等个体因素，量化和非量化评估方法的综合应用能够更好地识别学生的优势和劣势。

（二）学习能力的培养策略

1.注重培养学生的自主学习能力

自主学习是指学生能够主动地进行学习，独立思考和解决问题。为了实现这一目标，需要为学生提供一定的学习自由度，鼓励学生在学习过程中自主选择学习的内容和方式。同时，引导学生学会制订学习计划，并教导他们如何进行目标设定和时间管理，从而调动他们的学习主动性。

2.采用多元化的教学方法

不同的学生有不同的学习偏好和学习方式，有些学生更倾向于听课，有些学生更喜欢阅读，还有些学生更擅长通过实践来学习。教师应在教学中运用多种教学方法，如讲座、小组讨论、案例分析等，以满足学生的不同需求，提升他们的学习效果。

3. 提供良好的学习资源

学习资源包括图书馆、实验室、电子资源等。为了给学生提供更多的学习机会和资源支持，学校需要完善学习环境，建设先进的实验室，购置相关的学习资料和设备。此外，鼓励学生利用网络资源和自习室等公共学习场所，以提升他们的学习效果和学习能力。

4. 重视学生学习评估和反馈机制

学习评估是指对学生学习过程和学习成果进行系统、全面的评估。通过学习评估，教师可以了解学生的学习状况和存在的问题，从而采取相应的措施。同时，及时给予学生准确的反馈也是提升学生学习能力的关键。通过及时反馈，学生可以知道自己的学习进展和不足之处，进而调整学习策略和方法，提升学习效果。

(三)学习能力的维持与提高

针对现代高校学习环境的特点和学生的需求，需要采取一系列有效的措施来帮助学生持续提高自己的学习能力。

1. 养成良好的学习习惯

学生应当养成规律的作息习惯，每天定时、定量的学习，避免临时抱佛脚的学习方式。学生应当培养自律意识，将学习纳入日常生活的重要部分，坚持不懈地进行知识的积累和巩固。

2. 注重学习方法的应用

掌握适合自己的学习方法，能够更加高效地消化和吸收知识。在学习中，学生可以利用归纳总结、思维导图等方式来加深对知识的理解；可以通过练习题的反复训练来提高运用能力；还可以通过参与讨论、积极提问等方式来加深对知识的理解和记忆。学生需要不断尝试和探索，找到适合自己的学习方法，并加以运用和优化。

3. 培养学习动力和学习兴趣

学生应当明确自己的学习目标，并保持积极的学习态度。与同学进行互动和交流、参与学术活动和课外兴趣小组等，能够激发学生的学习动力和兴趣，增强其对知识的探索欲望。同时，学生也应当注意与教师和同学的有益互动，通过交流和合作，提高自己的学习能力和解决问题的能力。

4.持续努力和坚持

学生要时刻关注自身的学习状态，并及时调整学习策略和方法。随着学习能力的提高，学生可以逐渐尝试更高层次、更深入的知识探索与研究，不断拓展自己的学习边界。

四、学习资源管理

(一)学习资源的分类与整理

1.学习资源的分类

根据资源的来源，可以将其分为校内资源和校外资源。校内资源包括教师教授的课程教材、学校图书馆的文献资料、实验室设备等。而校外资源则包括互联网上的学习资料、学术期刊、科研机构等提供的学术资源。

根据资源的内容，可以将其分为学科资源、综合资源、实践资源等。学科资源指的是和学科内容相关的资源，如各学科的教材、参考书籍、期刊文章等。综合资源是指横跨多学科的资源，如通用工具书、百科全书等。实践资源则是指与实践操作有关的资源，如实验操作手册、实习报告等。

根据资源的性质，可以将其划分为文字资料、图片资料、音频资料、视频资料等。

2.学习资源的整理

整理学习资源的目的是方便学生快速找到所需资源，并利用这些资源进行学习。在整理学习资源时，可以采用文件夹、标签、索引等方式。例如，可以将校内资源打印成纸质文件，按照学科和教学内容分类放置在文件夹中；对于校外资源，可以在电脑中建立文件夹，并使用合适的标签对资源进行分类和命名。

为了提高学习资源的整理效率和利用效果，学生可以利用学习管理软件或应用程序来辅助整理和管理学习资源。这些软件和应用程序可以帮助学生建立个人学习资源库，并提供搜索、标注、摘录等功能，方便学生随时查阅和使用所需资源。

学习资源的分类与整理在高校学生的学习过程中具有重要意义。通过合理分类和有效整理，学生可以更好地利用各类学习资源，提高学习效率和学习成果。因此在实际学习中，学生应该重视学习资源的分类和整理，合理选择分类标准和整理方式，并灵活运用学习管理软件和应用程序，从而有效地管理和利用学习资源。

（二）学习资源的高效利用

在高校学习中，学习资源的高效利用对学生的学习成果和学习效果有着重要影响。学习资源的高效利用包括对学习材料、设备、网络资源以及人力资源的合理利用和充分发挥。

对于学习材料的高效利用，学生应该对所需的学习材料进行分类和整理。可以根据不同学科或知识点进行分类，并将相关的材料整理成一个专门的学习资料库。通过建立学习材料索引和目录，学生可以方便、快速找到需要的材料，提高学习效率。

对于学习设备的高效利用，学生应该充分发挥学习设备的功能和优势。比如，利用电脑进行电子书籍的阅读和学习，可以随时随地获取学习资源；通过手机可以将碎片时间利用起来进行学习；利用录音设备进行听力训练，可以提高听力。学生也应该学会合理安排学习设备的使用时间，避免过度依赖和沉迷于学习设备，影响正常的学习和生活。

学生应该充分利用网络资源。互联网为学生提供了丰富的学习资源，包括在线课程、学习社区、学术论文等。学生可以通过搜索引擎和学术数据库等工具，获取到所需的学习资源。同时，学生需要具备辨别信息真伪和质量的能力，避免被低质量或错误的信息误导。

学生还应该善于利用人力资源。在学习中，同学、教师和辅导员等都是宝贵的人力资源。学生可以与同学一起讨论学习问题，互相帮助和学习；与教师和辅导员沟通学习困惑，获取有效的指导和建议。同时，学生也应该主动参与学习小组和学术交流活动，通过与优秀的学生和专业人士的交流和合作，提高自己的学习能力和水平。

（三）学习资源的更新与扩充

学习资源的更新与扩充是高校学生学习资源管理的重要组成部分，它能够帮助学生拓宽知识面，提高学习效果。下面将从不同的角度探讨学习资源的更新与扩充。

学习资源的更新可以从三个方面进行。

一是及时更新教材和参考书籍，满足学生对新知识和新概念的需求。教材和参考书籍是学习的基础，只有保持内容的新鲜和权威，才能有效地指导学生的学习。

二是积极开发和更新网络学习资源，如网络课程、在线学习平台等。网络学习资源的优势在于时效性和便捷性，它们能够及时反映最新的学术动态和研究成果，为学生提供更多的学习选择。

三是鼓励教师和学生积极参与学术研究和学科竞赛活动。教师和学生的学术研究成果和竞赛经验是宝贵的学习资源，通过与其他学校和机构的交流和合作，不断推陈出新。

学习资源的扩充要注重多元化的渠道。可以拓展校内资源，如丰富图书馆藏书，购买期刊、报纸和数据库等。可以与外部合作伙伴建立合作机制，开展共享资源活动。与其他高校、研究机构和企业建立合作关系，可以共享和借鉴各方的学习资源，为学生提供更多元化的学习选择。还可以利用社会资源，如实习、实训、访问学者等，为学生提供与课本知识联系紧密的实践机会，促进学生对知识的深化和应用。

学习资源的更新与扩充需要建立科学、有效的管理机制。学校应建立学习资源管理部门，负责资源的采购、整理和更新工作，并与教学部门、图书馆等部门紧密配合，确保资源的有效利用和及时更新。此外，学校还应制定相关规定和流程，以推进学习资源的更新和扩充工作。同时，学校也需要加强与学生的沟通与反馈，及时对学生的学习资源需求进行了解和反馈，以不断满足学生的学习需求。

第二节　高校学生宿舍管理

一、高校学生宿舍管理的作用

（一）促进学生个人发展

宿舍作为学生生活的重要场所，不仅是学生住宿的地方，更是学生个人成长和发展的重要环境。宿舍管理通过各种手段和措施，引导学生积极向上、全面发展。

宿舍管理注重培养学生的自我管理能力。宿舍是学生的第二个家，学生需要有责任和组织能力来管理好自己的个人事务。宿舍管理人员可以启发学生思考，引导他们更好地管理自己的时间、学习和生活。例如，组织宿舍会议，让学生进行自我反思和总结，从而培养他们的自我管理意识。

宿舍管理鼓励学生参与社会实践活动。学生宿舍应该是一个积极参与社会活动的平台。宿舍管理人员可以组织各种实践活动，如社会志愿者活动、社团交流活动等，让学生积极投身于社会实践中，从实践中获取经验和知识。这种参与社会实践的经历将有助于学生的成长和发展，提高他们的团队合作能力和社交能力。

宿舍管理鼓励学生开展各种文艺活动。学生宿舍不仅是学生学习和休息的地方，也是学生展示自己才艺和兴趣的舞台。宿舍管理人员可以鼓励学生举办宿舍文化活动，如朗诵比赛、歌唱比赛和舞蹈表演等，让学生有机会展示自己的才华。这种开展文艺活动的环境将激发学生的创造力和艺术表达能力，进一步促进他们的发展。

(二)维护宿舍秩序

为了保障学生的正常学习和生活，维护宿舍秩序成为高校学生宿舍管理至关重要的一项工作。秩序的维护不仅涉及学生的个人行为，也需要学校和宿舍管理人员的有效管理和监督。建立科学的管理制度，可以更好地维护宿舍秩序，营造良好的宿舍氛围。

对学生个人行为的管理是维护宿舍秩序的基础。学生要养成良好的生活习惯和行为规范，如保持宿舍整洁，不打扰他人休息，遵守宿舍的规章制度等。学校可以通过宿舍楼的布置和设计，为学生提供舒适、安全、宜居的生活环境，引导学生主动维护宿舍秩序。

宿舍管理人员应加强对学生行为的指导和管理。他们可以对学生进行宿舍规章制度的宣传和教育，提醒学生自觉遵守相关规定，并及时进行监督和检查。对于违反规定的学生，应进行相应的处罚和教育，使其认识到维护宿舍秩序的重要性。宿舍管理人员还可以组织各类文化活动和交流，增强学生之间的凝聚力，从而协调宿舍关系，维护宿舍秩序。

(三)提高学生的生活质量

学生宿舍是学生居住的场所,它直接关系到学生的日常生活品质和心理健康。因此,高校学生宿舍管理要致力于为学生提供舒适、安全、有序的居住环境,以及提供相应的服务和支持,以提高学生的生活质量。

学生宿舍管理应关注宿舍的居住环境,包括宿舍的卫生状况、安全设施和生活设施等方面。宿舍卫生是学生生活质量的重要组成部分,保持宿舍清洁与整洁对学生的身心健康至关重要。学校应加强对宿舍卫生的管理和监督,定期进行卫生检查和整治,确保宿舍的卫生状况符合相关标准。要加强宿舍的安全管理,确保宿舍内的设施设备安全可靠,消除潜在的安全隐患。提供充足的生活设施,如饮水机、洗衣机等,方便学生日常生活,提升学生的生活品质。

学生宿舍管理要关注学生的心理健康。作为学生家庭的延伸,学生宿舍是学生放松、休息和交流的场所,因此学生宿舍管理应提供相应的心理健康支持。可以通过策划各类文化活动、组织交流分享会等方式,营造积极向上的宿舍文化氛围,增强学生之间的交流和感情。可以设置心理辅导机构或提供充足的心理咨询资源,为学生提供及时的心理支持,帮助他们增强心理适应能力,缓解学业压力和情绪困扰。

学生宿舍管理要注重为学生提供便利和关怀。为了提高学生的生活质量,学校应关注学生的个体需求,提供个性化的服务和关怀。例如,可以设置宿舍值班人员,24 小时提供咨询服务;可以设立宿舍活动室,供学生进行学习、休息、娱乐和社交等活动;可以为学生提供丰富多样的实用信息,如餐饮、购物、文化娱乐等,满足学生的生活需求。这些措施可以让学生感受到学校对他们的关心和关怀,提高他们的生活满意度和幸福感。

二、高校学生宿舍卫生管理

(一)建立健全卫生管理制度

高校应该制定宿舍卫生管理规章制度,明确各方的权责。这包括规定宿舍内日常卫生清洁标准,对卫生习惯的要求以及违规行为的处罚措施,等等。这样一套健全的卫生管理制度将为宿舍卫生管理提供明确的依据,使管理工作更加规范、有序。

高校应该配备专门的卫生管理人员，负责对学生宿舍的卫生情况进行监督和检查。这些管理人员应该接受相关的培训，熟悉卫生管理的相关知识和技能，能够有效地指导学生，培养他们的卫生意识和卫生习惯。他们应该定期巡查宿舍，发现问题及时进行整改，并向学生宣传卫生知识，提供必要的卫生用品和设施。这样一来，学生将更加有意识地维护宿舍环境的整洁。

高校可以借助现代科技手段来提高宿舍卫生管理的效率和质量。例如，可以引入智能化的卫生管理系统，通过刷卡、扫码等方式记录学生的卫生情况和活动轨迹。这样一来，管理人员可以及时了解宿舍的卫生状况，分析问题所在，并采取有针对性的措施。同时，学生也能够感受到管理的公正性和透明性，更加主动地遵守卫生规定，共同营造整洁、舒适的宿舍环境。

(二)定期组织卫生检查

定期组织卫生检查能够及时发现和解决学生宿舍内存在的卫生问题。通过定期检查，管理人员可以对学生宿舍的卫生状况进行全面、有针对性的了解，及时发现问题并采取相应的解决措施，确保宿舍环境整洁和健康。

定期组织卫生检查是对学生宿舍卫生管理制度的有效执行和监督。在定期检查中，学生宿舍管理人员可以依据相关卫生管理制度的要求，对学生宿舍进行全面检查和评估，评估宿舍的清洁程度、物品摆放是否规范等。这样，不仅可以及时纠正学生宿舍内存在的问题，还能够进一步监督和推动卫生管理制度的落实，提升学生宿舍的卫生水平。

定期组织卫生检查还能够帮助学生培养良好的卫生习惯和自我管理能力。通过检查和提示，学生能够及时了解自身存在的卫生问题和不足之处，并主动采取措施进行改进。学生在参与定期卫生检查的过程中，能够从检查的要求和标准中认识到自身的不足，并逐渐养成良好的卫生习惯。这对学生的整体素质提升具有重要意义。

(三)培养学生良好的卫生习惯

高校应该加强宣传教育，促进学生对卫生的认识和重视。学校可以利用多种渠道，如宣传栏、电子屏幕、班会等，向学生宣传宿舍卫生的重要性，让他们了解卫生习惯对健康的影响，并倡导他们主动参与宿舍卫生的维护和改善。同时，学校可以利用卫生日、文化节等特殊时机，举办卫生知识讲座、主题活动，增强学生的卫生意识和责任感。

学校应该建立科学合理的卫生管理制度，明确学生的卫生责任和权益。制度中可以规定学生的卫生用品、洗漱用品以及公共卫生设施的配备标准和管理办法，使学生了解自己在宿舍中的行为规范和卫生责任。此外，学校还可以引入奖惩机制，对卫生状况良好的宿舍进行表彰，激励学生自觉维护宿舍卫生。

定期组织卫生检查，以确保宿舍卫生状况的持续改善。检查可以由学校工作人员或专业保洁公司负责，通过检查，发现宿舍中存在的问题并及时整改。同时，学校可以安排学生代表参与检查，提高学生对宿舍卫生的责任感，培养他们的自我管理能力。

引导学生养成良好的个人卫生习惯。学校可以通过在宿舍设置宣传板、提供卫生用品等方式，引导学生正确使用洗手液、牙刷、毛巾等个人卫生用品，加强对公共卫生设施的维护。此外，学校还可以举办卫生讲座，向学生传授正确的洗澡、洗衣等卫生知识和技巧，帮助他们养成良好的个人卫生习惯。

三、高校学生宿舍文化建设

（一）建设宿舍文化环境

宿舍文化环境是指通过精心设计和塑造，为学生营造积极、健康、活跃的生活氛围和精神空间。建设宿舍文化环境对促进学生的综合发展、增强集体凝聚力和个体自觉性具有积极的影响。

1.提升学生的自我管理能力

在良好的宿舍文化氛围中，学生将受到积极的引导，他们会养成自觉遵守规章制度、珍惜宿舍资源、保持宿舍整洁等良好的生活习惯。通过自我管理实践，学生可以培养自律意识，提高自我约束能力，进而影响其他宿舍成员，形成良好的互动关系，共同营造和谐的宿舍氛围。

2.培养学生的社交能力

宿舍不仅是学生学习和生活的场所，还是学生之间相互交流、交往的重要载体。创造积极的宿舍文化环境，鼓励宿舍成员开展各种形式的交流活动，如研讨会、讲座、座谈会等，可以促进学生相互了解和建立友谊。宿舍文化活动也为学生提供了展示自己才华和个性特点的平台，培养了他们的表达能力和团队合作意识。

3.提升学生的创新思维和创意能力

在宿舍开展一些文艺活动，如书画比赛、手工制作等，可以唤起学生对艺术的兴趣和热爱，培养他们的艺术修养和审美能力。同时，宿舍文化环境也是学生进行创新创业的重要平台，激发学生的创造性思维，为其提供创新的机会和资源，可以促进学生创新能力的发展，培养他们成为具有创新意识和实践能力的创业人才。

（二）举办宿舍文化活动

举办宿舍文化活动可以丰富学生的课余生活。大学生活不应局限于课堂和学习，良好的宿舍文化环境可以为学生提供一个放松身心的场所。例如，可以组织宿舍电影观影活动，定期放映经典电影或者近期热映的电影。这不仅可以让学生通过观影享受到电影艺术的魅力，还可以增进宿舍成员之间的交流与互动。

举办宿舍文化活动可以培养学生的艺术修养。高校学生宿舍是人才辈出的地方，宿舍成员往往具有各种各样的才艺特长。学校可以组织宿舍才艺展示活动，让宿舍成员展示自己的才艺，分享自己的技艺。这不仅可以展现宿舍成员的个人特长，还可以促进彼此之间的学习和交流，相互促进，共同进步。

举办宿舍文化活动可以增强学生的团队意识和协作能力。组织团队游戏、团队挑战等活动，可以让宿舍成员在游戏中培养合作意识和团队精神。可以通过设置团队任务和计划，让宿舍成员共同努力，互相协作，共同完成任务。这种团队合作的经验和在活动中培养的能力，将使他们在今后的学习和工作中受益，并对宿舍的和谐发展起到积极的推动作用。

举办宿舍文化活动还可以提升宿舍成员的自我管理能力。通过参与组织活动，宿舍成员需要协调时间、制订计划、解决问题等，在这个过程中能锻炼他们的自我管理能力。同时，举办活动时需要宿舍成员积极参与、负责任，这有利于培养他们的组织能力和领导能力。

（三）弘扬宿舍精神文化

宿舍作为学生休息、学习和交流的场所，对培养学生积极向上的价值观和精神品质具有重要意义。在宿舍内，应该注重营造积极健康、和谐互助的文化氛围，并引导学生树立正确的价值观。

1.组织宿舍文化活动

宿舍文化活动可以包括宿舍文化周、宿舍文化展览、宿舍间各种比赛等。举办这些活动,可以增强学生的团队合作意识和集体荣誉感,激发他们对宿舍的归属感和自豪感,从而促进宿舍文化建设。

2.组织宿舍文化讲座和培训活动

可以邀请专家学者或校内外优秀宿舍楷模来给学生开讲座,讲述他们在宿舍中积极向上的经验和感悟,分享如何创造良好的宿舍文化。也可以开展一系列培训活动,包括宿舍礼仪、宿舍卫生管理、宿舍纪律等方面的培训,帮助学生提升宿舍生活品质和素养。

3.引导学生形成正确的理念

在弘扬宿舍精神文化的同时,还需要注重引导学生形成正确的理念,培养他们的团队精神和协作能力。可以通过宿舍文化建设,激发学生对共同目标的追求,鼓励他们相互帮助、共同成长。宿舍活动中,可以组织团队建设活动,如合作解谜、共同决策等,培养学生的团队合作意识和能力,让他们意识到团结合作的重要性。

四、高校学生宿舍纪律管理

(一)制定宿舍纪律规定

在制定宿舍纪律规定时,应该明确规定学生在宿舍内的基本行为规范。例如,禁止在宿舍内吸烟、禁止在宿舍内饮酒等。这些行为规范的制定可以保障宿舍内的安静和整洁,为学生提供良好的学习和休息环境。

宿舍纪律规定应该对学生的作息时间作出一定的规定。比如,规定学生在特定的时间段保持宿舍内的安静,以免影响其他宿舍学生的学习和休息;规定学生的就寝时间,以保证他们有足够的休息时间,保持身体健康和充沛的学习精力。

宿舍纪律规定应该明确对宿舍设施的使用和维护要求。学生应该充分利用宿舍内提供的设施,并妥善维护和保养,以延长设施的使用寿命。同时,对设施的损坏和丢失,也应该明确责任,并进行相应的惩罚或赔偿。

宿舍纪律规定应该涉及学生之间的相互关系和有关冲突处理的规定。例如，在制定规定时应明确禁止学生之间侵犯个人隐私、人身伤害等行为，并明确相应的处罚措施。另外，应该设立适当的机制，以解决学生之间可能存在的纠纷和冲突，维护宿舍内的和谐氛围。

(二)加强宿舍纪律教育

加强宿舍纪律教育，可以对学生进行行为规范的培养和教育，增强学生守纪守法意识，促进学生宿舍文化的建设，有效维护学生宿舍的安全和秩序。

1.制定明确的规范

学校应当针对宿舍纪律问题，制定详细具体的宿舍纪律规定，明确规定学生在宿舍内的行为要求和禁止事项。这些规定应当考虑学生的实际情况和需求，同时具有可执行性和可监督性。制定规范过程中，应当充分征求学生的意见和反馈，确保规定的民主性和合理性。

2.建立有效的教育机制

学校可以通过多种形式和途径，向学生传递宿舍纪律的知识和要求。可以通过宿舍会议、班会、宣传栏、手册等方式，向学生普及宿舍纪律的重要性和意义。加强对学生的心理辅导和引导，帮助他们理解宿舍纪律对个人和集体的重要作用，提高学生维护宿舍纪律的自觉性和主动性。

3.与实际管理相结合

学校应当建立完善的宿舍管理制度，对学生的违纪行为进行严肃处理，确保宿舍纪律规定的执行力度。对严重违纪的学生，可以采取警示教育、通报批评、纪律处分等方式进行惩处，以起到警示作用。同时，也要对宿舍文明行为给予表彰和奖励，激励学生树立正确的宿舍纪律观和行为规范。

(三)严肃处理违反宿舍纪律问题

1.建立健全的违规违纪处理制度

学校应当制定明确的宿舍纪律规定，并通过公示、宣讲等方式向学生宣传，让学生清楚地知道哪些行为是违规的以及可能面临的后果。制度应涵盖宿舍内外的行为规范、楼栋管理、安全保卫等方面，确保规定的完整性和全面性。

2.坚持公正、公开、透明的原则

在处理学生违反宿舍纪律问题时，要坚持公正原则，确保处理过程公开、透明。学校可以设立宿舍纪律处理委员会或类似的机构，由相关部门、教职员工和学生代表组成，对违规违纪问题进行调查和裁决。要重视当事人的陈述和申辩意见，确保当事人的合法权益得到保护，避免任意判决和不公平对待。

3.注重教育引导

违纪处理不应仅仅停留在惩罚和制裁层面，更应该以教育为目的，引导学生认识错误，改正行为。学校可以通过开展宿舍文化建设活动、开展心理辅导、举办纪律教育讲座等方式，帮助学生认识到宿舍纪律的重要性，增强自觉遵守纪律的意识。

4.加强监督和评估

学校相关部门可以定期对违纪处理工作进行评估，及时听取学生的反馈和建议，不断完善违纪处理工作机制和规范。同时，还可以通过对违纪处理工作进行督查，确保违纪处理工作的公正性和有效性。

第三节　高校学生课外活动管理

一、课外活动人员组织管理

(一)组织架构的设计

设立一个学生课外活动委员会，该委员会由学生代表组成，负责整体策划、组织和协调学生课外活动。委员会主席由一名学生担任，他/她负责主持会议、监督活动的顺利进行，并与学校管理层进行有效沟通。

委员会下设各个部门，包括活动策划部门、活动组织部门、活动宣传部门和活动评估部门。活动策划部门负责制定学生课外活动的整体规划和策略，确保各项活动目标能够得到有效实现。活动组织部门负责具体的活动组织和协调工作，包括场地预定、人员安排、物资采购等。活动宣传部门负责宣传推广活动，确保活动的知名度和参与度得到提升。活动评估部门负责对活动进行评估和反馈，为后续活动改进提供依据。

每个部门下面均设立相应的小组，根据活动的具体需求来进行划分。例如，活动策划部门可以下设筹备小组、执行小组和监管小组。筹备小组负责确定活动的主题、内容和形式，进行前期调研和策划工作。执行小组负责具体的执行工作，确保活动顺利进行。监管小组负责对活动执行情况进行监管和督导，确保活动收到预期效果。

为了保证各个部门之间的高效沟通和协作，需要建立一个沟通协调机制。可以定期召开活动委员会会议，及时汇报活动进展情况、存在的问题和需求，以便及时解决。此外，可以建立一个内部通信平台，方便各个部门之间进行信息共享和交流。另外，应鼓励部门之间联动合作，促进资源共享和互助，提高活动工作效率。

(二)人员角色与任务划分

确定主要的人员角色。在一个典型的课外活动组织中，通常会涉及组织者、负责人、指导老师和参与学生等角色。组织者负责整体规划和组织工作，负责人负责具体活动的执行和监督，指导老师担任专业指导和辅导的角色，参与的学生则是活动的主体，负责参与各项活动并发挥自己的作用。

每个人员角色在活动中有各自的任务划分。组织者需要负责活动的整体规划，包括确定活动的主题、目标、时间和地点，制订活动计划，并协调各个角色的工作。负责人则需要具体执行活动计划，组织学生参与活动，确保活动顺利进行。指导老师需要根据所属专业的特点，在活动中为学生提供所需的专业指导，并起到激励和引导的作用。而参与学生的任务是积极参与各项活动，充分发挥自己的才能和特长，为活动的顺利开展做出贡献。

为了有效协调各个角色间的合作，需要建立健全的沟通协调机制。可以通过定期会议、沟通平台、工作分工和协作文件等方式来实现沟通和协调。定期会议可以让各个角色交流工作进展、协商解决问题，并及时调整工作计划和方向。沟通平台可以提供方便快捷的沟通渠道，使各个角色能够及时交流信息和反馈问题。同时，合理的分工和明确的协作文件能够确保各个角色之间的工作内容和工作结果的一致性，提高协作效率和质量。

只有在明确的任务划分和有效的沟通协调下，各个角色才能充分发挥自己的作用，实现活动目标，提升综合能力和素质。因此，在高校学生课外活动人员组织管理过程中，应当重视各个人员的角色与任务的划分，并建立健全的沟通协调机制。

（三）沟通协调机制的构建

为了建立有效的沟通协调机制，学校应设立专门的学生活动管理部门或组织。该部门或组织应由一支具备丰富管理经验和专业知识的团队组成，他们负责统筹学生课外活动的组织、协调、管理等工作。此外，该部门或组织应思考如何与学生会、社团组织等密切合作，形成一个紧密合作的工作体系，共同致力于学生课外活动的提升和发展。

为了更好地协调各个角色的工作，需要明确各个人员的角色和任务划分。学生活动管理部门或组织需要积极与校友会、教师和校外机构进行沟通，确保课外活动得到相应的支持和资源保障。同时，学生会和社团组织等也需要积极参与活动的组织与管理，共同协调和推动活动的开展。

沟通协调机制的构建需要建立高效的沟通渠道和工作协调机制。实时通信、会议交流、在线平台等应用都可以作为沟通协调的手段。比如，定期召开会议，可以促进各个角色之间的沟通与交流，及时解决问题和难题，确保活动顺利进行。同时，建立在线平台，可以方便学生、教师、校友等各个角色之间进行有效的信息共享、资源整合，加强合作与协调，提高活动的效率与成效。

沟通协调机制的构建还需考虑到适应不同任务的协作方式。例如，一些长期性的活动可能需要更加稳定、长期的沟通与协调方式，而一些临时性的活动可能需要更加及时、灵活的沟通和决策机制。因此，在沟通协调机制的设计上，应根据不同类型活动的特点和需求，科学确定适合的协作方式和工作机制，以确保活动高效推进和顺利完成。

二、课外活动内容、时间与地点规划

（一）活动内容的选择与设计

丰富多样的活动内容既能够满足学生的多样化需求，又能够激发他们的兴趣与创造力。因此，在选择与设计活动内容时，需要综合考虑学生的兴趣爱好、学习需要以及社会实践等因素。

1.注重挖掘学生的兴趣爱好

通过调查调研和讨论分析，了解学生的兴趣和所关注的领域，可以更好地为他们提供相应的活动内容。比如，对于喜欢音乐的学生，可以组织音乐演出、合唱比赛等相关活动；对于喜欢体育运动的学生，可以组织各类运动比赛、健身训练等活动。因此，根据学生的特点和需求，选择符合他们兴趣爱好的活动内容，可以提高活动的吸引力和参与度。

2.根据学生的学习需要选择活动内容

学生在课堂上学到的知识可以通过课外活动得到更好的实践和应用。因此，根据课程的内容和学生的学习进度，选择与学科知识相关的活动，可以帮助学生更好地巩固知识，并将理论与实践结合起来。比如，在生物学课程中，可以组织植物实验、生态考察等活动，让学生亲自动手操作，加深对知识的理解和记忆。

3.提供社会实践机会

考虑到学生的社会实践需求，选择与社会实践相关的活动内容。社会实践活动可以帮助学生更好地了解社会、培养社会责任感和团队合作精神。例如，可以组织学生到社区、农村等进行调研，参与志愿者活动，帮助他们了解社会问题，培养他们的公民意识和社会责任感。

(二)活动时间的安排与优化

1.考虑学生的日常课程安排和时间分配情况

学生作为高校学习的主体，其课程时间是固定的，学校需要以此为基准来安排课外活动。在安排活动时间时，应避开学生上课的时间段，确保学生能够充分参与到活动中来。另外，还需要关注学生的作息习惯和精力状态，将活动时间合理调整到他们最为活跃和精神饱满的时段。

2.考虑活动时间的持续性和频次

对于某些活动来说，连续性和频次是非常重要的因素。例如，体育锻炼类的活动，需要保证每周都有固定锻炼的时间，以保证学生在锻炼过程中能够持续提高身体素质。而对于其他类型的活动，如学术讲座或社会实践，可以根据具体情况灵活地调整时间和频次。

3.注意活动时间的充分利用和合理分配

在安排活动时间时，应确保合理分配活动的开始和结束时间，尽可能避免时间冗余或不足的情况。对于时间较长的活动，应合理分段，给学生提供适当的休息和调整时间，以保证其体力和注意力的集中度。

4.根据活动内容的特点和学生的需求进行灵活调整

有些活动可能需要较长的时间来完成，而有些活动可能只需短暂的时间即可实现目标。因此，在安排活动时间时，应根据不同的活动内容合理分配时间，确保各项内容充分得以实施。

（三）活动地点的筛选与布置

根据活动的性质和目的，选择适合的活动地点是关键。例如，对于体育类活动，最好选择开阔的空地或体育场馆，以容纳足够多的参与者并提供充足的活动空间；而对于学术讲座或研讨会等活动，应选择具备相应设施的场地，如大型会议室或报告厅。根据活动的特点确定合适的地点，能够提供更好的参与体验和学习环境。

活动地点的地理位置也需要考虑。理想的活动地点应该具备良好的交通便利性，方便参与者的到达。如果活动地点周边有公交站或地铁站，能够提供更便捷的交通方式，就能吸引更多的学生参与活动。此外，还需要考虑地点是否靠近学生居住区或教学区，方便学生在活动结束后回家或上课。

活动地点的环境和设备条件也是需要考虑的重要因素。活动地点应该有足够的空间和设施，能够满足活动的需求。例如，为了举办室内演讲比赛，活动地点需要提供麦克风、音响等设备，以确保参与者的表达效果和观众听得清楚。又如，户外活动地点需要有足够的休息区域和卫生设施，为参与者提供舒适的休息环境。

活动地点的布置也需要精心设计。合理的布置可以提升活动的氛围和效果。对于文化艺术类活动，应根据活动主题进行场景布置和装饰，营造出适合活动的氛围；对于体育类活动，可以设置观众席或搭建临时看台，以增加观看体验。在布置活动地点时，还需要考虑参与者的行动和安全规范，确保活动顺利进行。

三、课外活动经费管理

（一）经费筹集方式与策略

1.政府部门的支持与资助

与相关政府部门沟通，通过申请可以争取到一定的财政拨款或专项经费，用于支持学生课外活动的开展。学校还可以申请相关政府项目资助，如科技创新项目、社会实践项目等，获得经费支持。

2.企业或社会组织的赞助或捐款

通过与企业建立良好的合作关系，学校可以吸引企业赞助学生课外活动，这样既可以增加活动经费，又可以提高学生的实践技能和就业竞争力。学校还可以向社会组织募捐，通过公益活动或慈善晚会等形式，吸引社会爱心人士对学生课外活动进行捐款。

3.自身的经费调剂

调剂学校的其他经费用于支持课外活动，可以增加活动的资金来源。同时，学校还可以通过制定严格的经费管理制度，规范经费的使用，防止浪费和滥用。

在经费筹集过程中，学校需要充分关注筹集过程的合规性和透明度，确保经费的筹集符合相关规定，经过合法合规的监督和审计，收到最佳的经费筹集效果。

（二）经费使用计划与预算

制订经费使用计划与预算旨在合理规划和有效利用经费资源。良好的经费使用计划与预算能够确保经费使用的透明度和合理性，同时为学校管理部门和相关人员提供决策和监督的依据。

在制订经费使用计划与预算之前，需要充分考虑课外活动的具体需求。通过与各个活动组织者和相关部门的有效沟通和协调，了解活动的性质、规模、时长以及参与人数等关键信息，对经费需求进行合理估计和预测。

制订经费使用计划时，应该根据活动的特点和目标来制订详细的经费支出计划。这包括活动所需的各项费用，如场地租赁费、道具购买费、奖品费等。同时，还需要结合活动时间表，确保经费支出的时间与活动进度相匹配，避免因经费不到位而影响活动顺利进行。

预算的编制是经费使用计划的核心内容。预算的编制需要考虑到各项经费的合理分配及预防性措施，以避免出现超支或不足的情况。预算编制应参考过去类似活动的经验和数据，同时还要考虑当前的物价水平和市场行情，确保预算的合理性和可行性。

制订经费使用计划和预算时，应注重对细节的把握和成本的有效控制。在规划经费使用计划时，可以通过与供应商协商和比价等方式，获得更有利的价格和优惠条件，以降低经费支出。此外，还应该建立相应的审批机制和流程，确保经费使用计划和预算的合规性和合法性。

在实施经费使用计划和预算过程中，应加强对经费使用情况的监督和审计。相关部门和人员要及时跟踪和核对经费支出情况，确保经费使用的透明度和合规性。同时，还应对经费使用过程中可能存在的风险和问题加强评估和控制，以确保经费使用计划和预算的有效执行。

(三)经费使用的监督与审计

1.经费使用的监督

经费使用的监督是指对经费使用过程中的各项活动进行监管和检查。为了提高经费使用的透明度和规范性，学校可以建立专门的监督机构或委员会来对课外活动经费的使用情况进行监督和审查。监督机构应该由专门的人员组成，他们应该具备相关的专业知识和经验，并熟悉财务管理和审计的基本原则和方法。监督机构应该定期对经费使用情况进行抽查和检查，对不符合规定的行为进行纠正和处理。学校还可以建立经费使用公示平台，及时公示每笔经费的使用情况和具体用途，供学生和社会监督。

2.经费使用的审计

经费使用的审计是指对经费使用情况进行全面、准确、独立的审查。审计是一种重要的监督手段，可以发现经费使用中存在的问题和隐患，并提出相应的改进建议。学校可以委托专业的审计机构对课外活动经费的使用情况进行审计。

审计应该包括对经费的使用记录、单据和凭证等的核查,以及对经费使用是否符合相关规定和要求的评估。审计机构应该独立、客观、公正地进行审计工作,对审计结果提出相应的意见和建议,帮助学校改进经费管理和使用。

建立有效的监督机构和进行有力的审计,可以确保经费使用的合规性和有效性。此外,学校还可以加强经费使用的公示和透明度,加大监督力度,不断优化和完善经费管理制度,确保学生课外活动经费的合理利用。

(四)经费报销与结算流程

经费报销与结算的前提是准确记录和保存相关的收支票据和凭证。在活动进行过程中,负责人应当认真保存所有与经费有关的票据,包括发票、收据、报销凭证等。这些凭证作为报销与结算的依据,必须得到妥善保管。同时,建议在财务管理系统中建立电子档案,以便随时查阅和管理。

经费报销与结算流程应该符合相关法律法规和学校规定。在进行经费报销与结算时,必须遵守财务相关政策和规程,确保透明、公平、合法。各项费用必须符合学校和活动规划的要求,并经过预算部门的审批和确认。同时,要注意合理地控制费用,避免出现超支和浪费的情况。

经费报销与结算应该按照程序进行。一般而言,报销流程包括提交报销申请、审批、财务核对、付款、结算等环节。在提交报销申请时,必须填写详细的报销理由和费用明细,并附上相关凭证。经过审批后,财务部门将对报销申请进行核对,确保费用的合理性和准确性。一旦通过核对,财务部门将进行付款和结算操作。在整个报销与结算过程中,记录和文件应当完整,以备查阅和审计。

对于经费报销与结算流程,建议建立完善的风险管理机制。即便经费的报销与结算严格按照程序进行,也可能出现错误、遗漏或者其他问题。因此,学校应建立完善的内部控制和审计制度,对经费使用和结算进行监督和检查。同时,应加强对活动负责人的培训和管理,增强其财务管理能力和风险意识,防范经费管理中的风险和漏洞。

四、课外活动开展形式

(一)线上活动

线上活动具有时间和空间的灵活性。相比传统的线下活动,线上活动不受时间和地点的限制，学生可以在任何时间、任何地点参与活动。这为学生提供了更大的便利性，使更多的学生能够积极参与到课外活动中来。

线上活动具有丰富多样的资源。通过网络平台，学生可以接触到丰富的学术资源、专业知识和实践经验。无论是学术讲座、专题研讨还是实践活动，线上平台都可以提供多种多样的资源供学生学习和参与。这不仅拓宽了学生的视野，还为他们提供了更多的学习和发展机会。

线上活动面临学生的参与度和互动性问题。与线下活动相比，线上活动往往缺乏面对面的交流和互动氛围，学生可能更难保持高度的参与度和积极性。另外，线上平台的技术问题和网络稳定性也可能影响学生的参与体验，需要有相应的技术支持和保障。

在开展线上活动时，需要注意对提高学生参与度和互动性方面的设计，鼓励学生积极参与讨论和交流。同时，也需要加强对线上平台的技术支持和维护工作，确保活动顺利进行。此外，还应该不断创新线上活动的形式和方式，结合实际情况和学生需求，提供更多样化、有趣的线上活动，激发学生的学习兴趣和参与热情。

（二）线下活动

线下活动能够提供实践和互动的机会。通过线下活动，学生可以亲身参与各类实践活动，如实地考察、实验和实际操作等，这有助于加深他们对理论知识的理解和培养应用能力。同时，在线下活动中，学生能够直接面对面地进行交流和互动，促进彼此之间的沟通和合作能力的提升。

线下活动能够培养学生的社交技能。相比线上活动，线下活动能够提供更多的社交机会，学生可以结识更多的同龄人，与他们建立紧密的社交网络。在线下活动中，学生需要与他人进行合作、协商和交流，这有助于培养他们的团队合作意识和领导能力。通过线下活动，学生还可以结识来自不同背景和专业的人，拓宽自己的眼界和人际圈。

线下活动存在时间和地点的限制。由于线下活动需要学生集中到特定的地点参与，因此需要合理安排时间和场地。这对大学生来说可能存在一些困难，他们可能受课程安排、学业负担或其他社团活动的影响，难以抽出时间参与线下活动。场地的选择和配备也需要考虑到学生的实际需求和资源限制。

线下活动可能面临人力和经费的限制。为组织和管理线下活动，需要一定数量的人力资源，如活动策划人员、执行人员等。线下活动中可能还需要投入一定的经费用于活动场地、设备和材料等方面。这需要学校和相关部门提供经费支持和资源，以确保线下活动顺利开展。

（三）混合形式活动

混合形式活动可以充分发挥线上、线下各自的特点。通过线上平台，参与者可以更灵活地进行学习和交流。他们可以自由选择时间和地点，避免时间和空间的限制。同时，线上平台还可以提供丰富的资源和工具，如在线讲座、论坛讨论等，使活动内容更加多样化且互动性更强。而线下活动可以提供更直接的面对面交流和互动机会，加强参与者之间的联系与合作。

混合形式活动能够满足不同参与者的需求。在现代高校中，学生的兴趣爱好各异，对于参加课外活动的方式也有不同的偏好。有些学生喜欢线上学习和交流的方式，而有些学生则更倾向于线下的实地实践。混合形式活动能够根据不同参与者的需求和偏好，灵活地安排活动的内容和形式，提高参与者的参与度和满意度。

然而，混合形式活动也面临一些挑战。

一是技术支持方面的问题。线上活动需要有稳定的网络和适当的技术设备，以确保参与者能够顺利地进行学习和交流。同时，线下活动也需要有相应的场地和设备支持。因此，高校需要投入相应的资源来支持混合形式活动的顺利进行。

二是组织和管理的问题。混合形式活动需要统一的组织和管理，包括活动的规划、策划、宣传等。同时，线上平台的使用和线下活动的组织需要有相应的人员来负责和协调。因此，高校需要建立健全的组织管理体系，确保混合形式活动能够高效地进行。

第三章　高校学生安全与心理健康管理

第一节　高校学生安全管理概述

一、高校学生安全事故的类型

（一）个人安全事故

个人安全事故是指发生在高校学生个体身上的安全意外事件，其特点是事故发生范围较小，主要影响个人的身体健康和安全。个人安全事故多是由学生个体不慎造成的，包括摔伤、烧伤、中毒等常见的意外伤害。

学生在日常生活和学习中，可能因为不慎操作、缺乏安全意识或者对危险不了解而导致个人安全事故的发生。例如，在实验室进行化学实验时，学生可能因为没有正确佩戴防护眼镜而导致化学物质溅入眼睛造成眼部损伤；在宿舍楼梯上奔跑滑倒而导致骨折等。

为了预防个人安全事故的发生，高校需要对学生加强安全教育与培训。

首先，学校应该将安全教育纳入学生日常教育计划，为学生提供必要的安全知识和技能培训。

其次，学校可以通过组织安全知识竞赛、安全演练等活动，增强学生的安全意识和应对能力。

最后，学校应该建立健全的安全管理制度，明确学生在校内各个场所的安全规范和要求，加强对学生的安全巡视和监督。

学生个人也应该自觉增强安全意识，遵守安全规定，提高自我防护能力。学生可以通过了解个人安全事故的常见类型和产生原因，学习急救知识，提高自我保护能力。学生应该参加学校组织的安全培训，掌握紧急情况下的自救与互救技能，提高事故应对能力。

（二）集体安全事故

集体安全事故指的是在高校范围内发生的涉及多人的安全事件。这类事故可能发生在课堂、实验室、宿舍、体育馆、食堂等集体活动场所。集体安全事故的特点是涉及人数多、影响范围广，常常给校园带来严重的安全隐患。

集体安全事故往往与对学生的行为规范管理不善密切相关。在校园环境中，学生的行为规范是确保安全的重要因素之一。比如，学生在食堂就餐时若未按规定排队、打闹、乱扔食物，就可能引发食堂内的踩踏事故。因此，学校应对学生加强行为规范教育，引导他们养成文明、守规矩的好习惯，对预防集体安全事故具有重要意义。

集体安全事故与学校的管理制度和安全设施的完善程度密切相关。学校应建立健全的安全管理制度，明确各类活动的组织者和参与者的责任和义务，并落实相关的安全检查和监测措施。校园内各类活动场所，如实验室、体育馆等，都要配备有效的安全设施，如灭火器及应急通道等，以确保在紧急情况下能够快速疏散和救援。

加强集体安全事故的应急预案和演练也是非常重要的。学校应该制订完善的应急预案，并定期组织演练，以提高师生应对突发事件的能力和应变能力。比如，在集体活动中，针对火灾、地震等常见的突发事件，要进行适当的演练，让师生掌握相应的自救和互救知识，增强其应急意识和应变能力。

（三）公共安全事故

公共安全事故是指在高校范围内发生的对多人群体或公共环境造成威胁和危害的安全事件。这类事故对高校来说具有较大的风险和影响，因此高校需要通过学生安全管理制度与预案进行有效应对。

公共安全事故往往与校园环境和设施设备有关。例如，高校宿舍楼发生火灾、校园食堂发生食物中毒、校园内发生恶性群体斗殴等。这些事件都可能对学生的生命安全和身体健康造成严重威胁。因此，高校应重视校园环境和设施设备的安全管理工作，定期检查、维护和更新设备，确保校园环境的安全与健康。

公共安全事故与学生行为有关。学生在校园内的行为举止直接关系到公共安全。一些不文明、不遵守规章制度的行为往往会导致潜在的安全风险。例如，拥挤的人流导致交通事故、抢劫事件，校园内酒驾等。因此，高校应该通过教育宣传和培训，增强学生的安全意识和行为素质，并加强对违规行为的处罚力度，建立完善的安全管理制度。

公共安全事故需要高校建立健全的危机事件管理机制。一旦发生公共安全事故，高校要及时应对和处理，最大限度地减少人员伤亡和财产损失。因此，高校应制订完善的应急预案和应急处置措施，在危机事件发生前就进行相应的演练和培训，提高应对突发事件的能力和反应速度。

（四）实验室安全事故

实验室安全事故主要包括实验仪器设备故障、化学品泄漏、火灾爆炸以及人员误操作等。针对这些安全隐患，高校应该对学生加强实验室安全教育和培训，增强其安全意识，同时建立健全的实验室安全管理制度与预案。

1. 实验室仪器设备故障

实验室仪器设备在使用过程中可能存在老化、损坏、失修等情况，如果没有被及时发现和处理，就有可能导致事故的发生。因此，高校学生在实验前应仔细检查实验设备的完整性和可用性，对存在问题的仪器设备应及时报修或更换，确保实验操作的安全性。

2. 化学品泄漏

实验室经常使用各种化学试剂，如果在使用过程中不小心泄漏或者瓶盖未盖紧，就可能导致化学品泄漏，从而引发安全事故。为了减少化学品泄漏风险，高校学生应该接受相关的安全培训，学会正确使用和存放化学试剂的方法，并且在操作过程中严格遵守实验室的安全操作规程和操作流程。

3. 火灾爆炸

实验室中常常涉及易燃和易爆的物质，一旦发生火灾爆炸，后果将不可估量。因此，高校学生必须严格遵守实验室消防安全规定，确保实验室内的消防设备正常运行，并使用合适的防火防爆设备和防护措施，定期进行消防演练，提高自我保护和逃生的能力。

4. 人员误操作

高校学生在实验过程中可能因为疏忽、操作不当和缺乏安全意识而导致安全事故的发生。为了避免人员误操作造成的安全隐患，高校应该对学生加强实验安全教育，培养学生具备正确的实验态度和操作技能，提高学生对实验风险的识别和应对能力，从而有效预防实验室安全事故的发生。

二、高校学生安全管理制度与预案

（一）校园安全管理制度

1. 对学生加强安全教育和培训

学校应通过各种途径，如学校宣传栏、班会、教育讲座等，向学生传授安全知识和技能，增强学生的安全意识和自我保护能力。学校还应制定相关安全规章制度，明确学生在校期间的行为规范，以避免安全事故的发生。

2. 设立完善的安全管理机构和责任体系

学校应成立专门的安全管理委员会，并配备专职安全管理人员，负责监督校园安全管理制度的组织与实施。学校各级组织也应设立相应的安全工作职能部门，负责各个环节的安全管理和监督，确保校园安全工作的全面落实。

3. 建立健全的安全检查和监测机制

学校应定期开展安全检查，对校内各个区域、部门以及学生宿舍、实验室等进行全面排查，及时发现并消除安全隐患。学校还应建立安全监测体系，通过安全监测设备和技术手段，及时掌握校园安全情况，对事件进行预警和预防。

4. 建立完善的应急响应和处置机制

学校应制订相应的安全预案，明确各种安全事件处理程序和责任分工。应急响应机制应包括组织、指挥、救援、后勤保障等方面的安排，以应对突发事件。在事故发生后，学校应及时进行事故调查和总结教训，以完善安全管理制度，提升学校安全管理水平。

（二）学生宿舍安全管理制度

1. 制定明确的学生宿舍管理规章制度

这些规章制度应包括学生宿舍的使用规定、宿舍门禁措施、消防安全要求等内容。学生在入住宿舍时,要签订宿舍管理规定承诺书,承诺遵守相关规定,共同维护宿舍安全。

2.加强对学生宿舍的巡查和监管

定期进行宿舍巡查,查看宿舍内是否存在违规行为或安全隐患。对于发现的问题,及时采取措施进行整改,并对违规学生进行相应的教育和处罚。

3.提供必要的安全设施和设备

为学生宿舍配备消防器材,确保学生能够在发生火灾等紧急情况下及时采取相应的应急措施。同时,学校应定期对安全设施进行检查和维护,确保其能正常使用。

4.开展学生宿舍安全教育和培训活动

学校可以通过组织宿舍安全知识讲座、开展紧急情况演练等活动,增强学生的安全意识和自我保护能力,使他们能够在遇到危险时作出正确的反应。

5.建立健全的学生宿舍安全事件处理机制

面对宿舍内发生的安全事件,学校应迅速采取措施,进行调查和处理,并及时向相关部门和家长报告。同时,要对事件进行总结和分析,为今后的宿舍安全管理提供经验和借鉴。

(三)实验室安全管理制度

1.明确实验室使用规定

在实验室中,学生需遵循操作规范和实验室规章制度,如佩戴个人防护装备、不私自携带火源进入实验室、禁止饮食等。这些规定的目的是保障实验室环境的安全,防止不当行为引发事故。

2.强调安全设施和装备的检查与维护

实验室中的设施和装备经常使用,必须定期检查和维护,确保其正常运行。例如,实验室应配备紧急停电开关、紧急撤离标识、灭火器等安全设备,并定期进行检查与测试。实验室中使用的化学品、试剂等应按照规定进行分类、储存和处置，以防止化学品意外泄漏或燃爆。

3.强调实验室的学生安全培训

在进入实验室前，学生需要参加安全培训课程，了解实验室安全操作知识和应急处理方法。这样可以增强学生的安全意识与应变能力，以应对实验室突发状况。

4.规定事故报告和调查的程序

一旦发生实验室安全事故，学校将立即展开调查，找出事故原因并采取相应措施进行整改。学生也要积极配合学校的调查工作，向相关部门提供必要的信息和证据，以促进实验室安全管理不断改进。

（四）安全预防与应急预案

1.加强安全教育与培训

校园安全教育是防范安全事故的基础，旨在增强学生的安全防范意识和应对能力。学校可以通过制定安全规章制度、举办安全知识讲座和实施安全演练等方式，提高学生对各类安全事故的认识和处置能力。学校还应建立健全安全培训工作机制，为学生提供系统的安全培训课程，提升他们的应急反应和自我保护能力。

2.建立完善的安全监测与报警系统

安全监测与报警系统是高校安全管理的核心环节，通过实时监测安全隐患的发生和传播，及时预警和报警，高校能够有效防范和控制安全事故的发生。学校可以结合现代化技术手段，如视频监控系统、火灾报警系统和学生出入管理系统等，建立全方位、多层次的安全监测和报警体系，加强对校园各个区域和重点部位的安全监管。

3.制订科学合理的安全预案

制订安全预案是为了应对各类突发事件和灾害事故，在最短时间内采取合理措施，组织有效的救援和应对。学校应编制具体、详细的安全预案，包括灾害事故应急预案、危险化学品事故应急预案、大型活动安全预案等。预案应明确各级责任和部门职责，做好预案的定期演练和修订工作，确保在发生突发事件时能够科学、迅速地采取措施,有效地保障学生的安全。

4.加强与相关部门的协作与合作

保障高校学生的安全不仅是学校内部的责任,还需要学校与公安、消防、卫生等部门形成紧密的合作机制。学校应与相关部门建立健全沟通渠道,及时共享信息,定期开展联合会议,形成高校学生安全联防联控机制。只有多方协作、互相配合,才能更有效地预防和应对校园安全事故的发生。

三、高校学生安全教育宣传与培训

(一)安全教育宣传方法

1.借助校园宣传平台

学校可以利用墙报、横幅、海报等媒体形式,将安全教育知识直观地传递给学生。同时,利用校园广播、校内电视台等渠道,播放安全教育宣传片或举办相关讲座,使学生能够通过听觉和视觉的双重感受,更好地理解和记忆相关知识。

2.组织互动式宣传活动

学校可以组织以安全教育为主题的知识竞赛、演讲比赛等活动,激发学生的学习兴趣和参与度。此外,开展模拟演练活动也是一种很重要的方式。比如,模拟火灾逃生、地震避险等场景,让学生身临其境地感受危险情境,从而提高其应对危险的能力。

3.利用新媒体平台

利用新媒体平台,如微信公众号、学校 App 等进行安全教育宣传也是很有效的手段。学校可以通过发布安全教育资讯、案例分析、技能培训等内容,将安全教育融入学生日常生活,实现信息的精准传递。此外,学校还可以借助社交媒体的分享功能,将安全教育内容扩散到更多的学生和家长群体中,提高宣传的影响广度和深度。

4.定期开展安全主题活动

学校可以根据不同的节日、纪念日或者特殊事件,组织相关的安全教育活动。

比如，在“爱眼日”开展眼部安全知识宣传；在“交通安全周”组织校园交通安全活动等。通过这些活动，学生可以在游戏、互动中接收到安全教育知识，增强自我保护能力。

(二)安全教育培训内容

1.注重学生的意识教育

学校通过宣传教育，使学生对生活和学习中存在的各类安全风险有一个清晰的认识。这包括火灾、交通事故、网络安全、自然灾害等方面的内容。学校会借助多种形式，如宣传栏、宣传板、宣传视频等，向学生灌输正确的安全知识和安全风险应对策略。

2.注重实践技能的培养

学校会组织学生参加各类模拟演练、应急演习等活动，让学生亲身体验和学习应对危机事件的技能。例如，开展火灾逃生演练、急救技能培训等活动，通过模拟真实场景，提高学生在紧急情况下的应变能力和自救能力。

3.注重法律法规的宣传

学校应宣传相关法律法规对学生安全管理的要求，以及学生在面临安全问题时应当如何依法维权。学校可以邀请相关部门、专家学者举办讲座、座谈会等，向学生详细解读国家及学校有关学生安全管理的政策和法规。

4.注重心理健康教育的开展

安全教育培训也包括对学生心理健康的关注和引导，学校会组织心理辅导、心理咨询等活动，帮助学生正确面对困扰他们的压力和问题，提高学生的心理韧性和适应能力。

(三)安全教育培训效果评估

1.使用调查问卷的方式收集学生的反馈意见

在安全教育培训结束后，向参加培训的学生发放问卷，询问他们在培训中学到了哪些内容以及对培训效果的评价，可以获得学生对培训的主观感受和满意度。

2.进行安全知识测试

设计一些与安全知识相关的题目，对参加培训的学生进行测试，以评估他们在培训后对安全知识的掌握程度。比较培训前后学生的得分情况，可以判断培训的实际效果。

3.观察学生在校园日常生活中的行为变化

监测学生的行为，如是否戴上安全帽、是否正确使用消防器材等，可以评估培训对学生行为习惯的影响。同时，考查学生对安全事故的预防意识是否增强，他们能否主动采取相应的安全措施。

在评估过程中，还应关注不同学生群体之间的差异。例如，对男女学生、不同年级和不同专业的学生进行分组分析，以研究培训对不同学生群体的效果是否存在差异。这有助于高校根据实际情况，对培训内容和方法进行优化和调整。

利用多种评估方法，能够全面了解高校学生安全教育培训的效果。这些评估结果可以为学校制订更科学有效的安全教育计划和培训方案提供参考依据，以进一步提升学生的安全意识和安全行为能力。在培训效果评估的基础上，高校还应探索一些改进措施，以进一步提高安全教育培训的效果和影响力。

（四）安全教育培训改进措施

1.加强培训内容的针对性和实用性

在制订培训计划时，应充分考虑学生的特点和需求。由于学生群体存在差异性，因此应针对不同专业、年级、性别等特征，确定相应的培训内容。培训内容要贴近实际生活，注重实用性。学校可以通过具体案例分析、模拟演练等形式，让学生更好地理解和掌握安全知识与技能。

2.采用多样化教学方法

单一的教学手段容易引起学生的厌烦和疲劳，导致培训效果不佳。因此，应采用多种教学方法，如讲座、小组讨论、实地考察等，激发学生的参与兴趣和学习积极性。借助现代科技手段，如使用多媒体教学、互动平台等，可以增加培训的趣味性和互动性，增强学生的学习效果，并提高学生的参与度。

3.建立有效的评估机制

在安全教育培训中，及时评估学生的学习情况和培训效果，有助于学校发现问题并调整策略。因此，要建立科学合理的评估机制，包括考试、问卷调查、实际操作等多种评估手段。同时，要将评估结果及时反馈给学生，帮助他们了解自己的学习情况，并进一步完善培训内容和方法。

4.加强与校外机构的合作

高校可以与相关部门、社会组织、企事业单位等建立合作关系，利用外部资源开展安全教育培训。这些外部资源包括专业的安全教育师资、实地教学场所、最新的安全技术等。借助外部资源的支持，可以增强培训的专业性和实效性，为学生提供更全面、更深入的安全教育。

四、高校学生危机事件管理

（一）危机事件的识别与评估

对危机事件的识别与评估可以帮助学校及时发现和识别潜在的危机事件，并对其进行全面准确的评估。在危机事件管理过程中，准确识别和评估危机事件，可以为后续的应对策略提供有效依据，从而最大限度地减小危机带来的不良影响。

危机事件的识别是通过对各类信息的搜集和分析，以及对学校内外环境的观察来实现的。学校可以建立健全的信息采集机制，包括定期收集学生及相关人员的意见和反馈、关注学生社交媒体的动态、与相关部门建立信息共享机制等。学校还可以通过与行业协会、公安机关等加强合作，共同分享和交流有关安全事件的信息，提升对危机事件的识别能力。

危机事件的评估是指根据识别到的危机事件的严重程度、紧急性和潜在影响等因素进行综合分析和评估的过程。评估的目的是确定危机事件的重要程度和紧迫性，以便学校能够合理分配资源，制定适当的应对策略。在进行危机事件评估时，学校可以结合历史数据和专家意见，制定评估指标和评估模型，对危机事件进行量化评估，提高评估结果的准确性和科学性。

在危机事件的识别与评估过程中，学校还应注意三点：其一，要与学生、教职员工和相关部门建立良好的沟通机制，及时获取他们的反馈和意见，以增加发现和识别危机事件的准确性。其二，要及时跟进和分析识别结果，及时调整危机事件管理策略，以适应不同危机事件带来的变化。其三，要对危机事件进行分类和归类，以便学校能够更好地总结经验和教训，改进危机事件管理工作。

（二）危机事件的应对策略

1.建立快速响应机制

高校应建立专业的应急响应团队，由校内各个部门的相关人员、学生领导和安保人员等组成。团队应具备快速反应和处理危机事件的能力，能够在紧急情况下迅速行动。同时，应制定明确的责任分工和工作流程，以确保应对策略的执行效果。

2.加强信息收集与分析

只有充分了解危机事件的背景和原因，才能制订出有效的解决方案。高校可以通过信息收集与分析系统，及时掌握校内外的安全状况和事件动态。同时，与其他高校和相关机构建立信息共享机制，加强合作与交流，提高对危机事件的预警和判断能力。

3.制订详细严密的预案

针对不同类型的危机事件，高校需要制订相应的应对预案。预案应包括事件识别、应急处置、紧急撤离、学生安全保障等方面的内容。在制订预案时，应考虑到各种可能出现的危机情况，并制订相应的措施。预案的制订还应根据实际情况进行演练和调整，以确保其可行性和有效性。

4.加强应急培训与演练

高校应定期组织学生和相关人员进行应急教育培训和危机演练。培训内容可以包括逃生自救技巧、心理疏导和安全知识等方面，以增强学生的危机应对能力和自我保护意识。同时，演练可以检验预案的可行性和有效性，培养学生和相关人员应对危机的能力和信心。

在危机事件的应对中,以上几点是非常关键的。高校学生危机事件的处理需要各相关方的紧密合作,只有大家共同努力,才能做到事半功倍。只有有了科学合理的策略和有序、有效的应对措施,才能更好地保障高校学生的安全和稳定。

(三)危机事件的后期处理与总结

在处理危机事件后期,高校应该对危机事件的处理过程进行全面细致的梳理和分析。这包括对应对策略的执行情况进行评估,对各个环节的效果进行检查,以及对应急预案的执行情况进行审查。通过对这些信息的收集和分析,高校可以了解到处理此次危机事件的优点和不足,为以后的危机事件管理提供宝贵的经验。

高校应针对危机事件处理中的不足,进行反思和改进。危机事件的后期处理和总结不仅是一个简单的评估过程,更要求高校认真思考问题的本质所在。如果在处理危机事件过程中发现了不恰当或不合理的地方,高校应该勇于承认并及时采取有针对性的改进措施。这个过程可能涉及高校学生安全管理制度的修订、培训策略的调整等方面,并需要各部门的协同合作和反馈。

危机事件的后期处理与总结也需要对危机事件的影响和后果进行综合分析。危机事件往往对高校学生的身心健康和学习环境造成不同程度的冲击,高校需要全面了解危机事件对学生的心理和学业产生的影响,并采取相应的帮助措施。只有在评估危机事件后果和不良影响的基础上,高校才能更好地总结经验教训,避免类似的危机事件再次发生。

高校需要将危机事件的后期处理与总结的经验教训进行归纳。这些经验教训可以通过撰写危机事件处理报告、举办经验交流会等方式进行分享和宣传,以便为其他高校或者有需要的机构提供借鉴。此外,高校也应该在制定学校危机管理制度和预案时,对以往危机事件的后期处理和总结的经验加以考虑和引用。

通过对危机事件的后期处理与总结的全面展开,高校可以不断优化和完善高校学生危机事件管理体系。只有总结经验和不断改进,高校才能提升应对危机事件的能力,更好地保障高校学生的安全与健康。

第二节　高校学生安全管理的内容

一、高校学生饮食安全管理

(一)高校学生饮食安全的重要性

饮食安全可以保证学生摄取健康的营养物质,促进他们的身体发育和健康成长。健全的饮食安全管理体系可以提供多样化、均衡的饮食选择,确保学生摄入足够的维生素、矿物质和蛋白质,满足他们不同阶段的营养需求。

高校学生饮食安全与学生的学习成绩密切相关。科学的饮食结构和营养搭配有助于提高学生的注意力、记忆力和思维能力。研究发现,良好的饮食习惯与学业成绩之间存在正相关关系,即饮食健康的学生往往在学习方面表现得更好。因此,高校学生饮食安全的重要性不仅体现在身体健康方面,还体现为直接关系到学生的学业发展。

高校学生饮食安全管理还涉及学生的营养教育和健康意识的培养。引导学生养成良好的饮食习惯,使学生更加懂得如何选择健康的食物和合理的饮食方式。这有助于学生在以后的生活中保持健康的饮食习惯,并培养出良好的生活习惯和健康意识。

高校应该加强对学生饮食安全的管理,建立科学、严谨的管理体系,为学生提供安全、健康的饮食,促进他们全面发展。

(二)高校学生饮食安全现状分析

高校学生在饮食习惯方面,存在一些普遍的现象。调查显示,很多学生吃晚餐时间较晚,甚至有相当一部分学生在晚上 11 时以后才吃晚餐。这种不规律的饮食习惯容易导致消化系统负担过重,影响消化功能和睡眠质量。另外,高校学生普遍偏爱外卖或快餐,尤其是方便面等高盐、高油的食物,这种饮食习惯对学生的营养摄入和健康状况构成了威胁。

高校学生饮食存在一些安全隐患和问题。学生在食堂就餐时,可能会面临卫生条件不佳的情况。例如,食品加工过程中存在卫生问题、餐具消毒不彻底等,都存在食品安全风险。此外,学生在校外就餐时也面临食品安全问题,如选择没有经营资质的小摊贩等，这些来源不确定的食品增加了食品安全风险。

高校学生对饮食安全的认知较低，饮食安全意识相对较薄弱。一些学生对食品安全的重要性缺乏深刻的认识，对饮食选购、食品存储等基本知识了解有限。这导致他们在面对食品安全问题时缺乏应对能力，容易成为食品安全事故的受害者。

（三）高校学生饮食安全管理措施

1. 加强就餐区域的卫生管理

应保持餐厅环境整洁，每天定时进行清扫和消毒。饭菜的加工过程要严格遵守食品卫生操作规程，确保食品安全和合理的营养搭配。餐厅要配备足够的座位数和饭菜供应区，以满足学生的就餐需求，减少因为拥挤而引发的安全隐患。

2. 加强食品供应链管理

饭菜原材料要保证来源可靠，厂家的生产过程要符合相关的食品安全标准。高校可以与供应商签订食品安全合作协议，并定期对食品进行检验，确保供应商所提供的食品符合相关国家标准。高校还应建立食品安全监测机制，及时发现和处理食品安全问题，确保学生的饮食安全。

3. 加强食品安全教育

高校可以通过开展食品安全培训、宣传等活动，增强学生的食品安全意识和自我保护能力。学校可以邀请专业的食品安全从业人员给学生讲解食品安全知识，向学生宣传食品安全法律法规和避免食品中毒的注意事项。学校还应建立食品安全投诉和举报渠道，鼓励学生积极参与食品安全监督，及时发现并解决问题。

4. 建立完善的食品安全监测和报告机制

学校应定期对餐厅的食品安全情况进行抽查，及时发现问题并采取相应措施进行整改。同时，学校除了向学生提供与食品安全相关的信息和教育，还应与相关政府部门和食品安全监督机构加强合作，及时上报食品安全问题，并配合相关部门进行调查和处理。

二、高校学生网络安全管理

(一)高校学生网络安全的重要性

随着互联网的普及和信息技术的飞速发展,网络已成为高校学生学习、交流、娱乐等的重要工具。然而,网络在为学生带来便利的同时,也带来了一系列的安全隐患和挑战。

高校学生在网络上的活动日益增多,其涉及的信息越来越多样化和敏感化。学生在网络上发布个人信息、进行网上购物、参与社交媒体等,这些活动都可能使学生面临个人隐私泄露、账号安全风险以及虚假信息欺骗等安全隐患。因此,保护学生在网络上的隐私和个人信息安全显得尤为重要。

高校学生学习、研究以及与导师、同学之间的交流往往离不开网络。学术诚信问题是一个亟待解决的挑战。网络的使用让学生更容易进行抄袭、剽窃等不正当行为。这不仅损害了学术道德,还对学生个人的学习和发展产生了负面影响。因此,确保学术诚信和反抄袭工作的有效进行,是保护高校学生网络安全的重要环节。

社交网络的兴起也给高校学生带来了新的挑战。学生往往通过社交媒体平台与他人进行互动和交流。虚假信息、网络欺凌和网络暴力等问题在社交网络中屡见不鲜。这些问题不仅对学生的心理健康造成负面影响,还可能导致学生人际关系的紧张和破裂。因此,倡导健康的网络交流和共同维护网络环境安全成为一项重要任务。

(二)高校学生网络安全现状分析

高校学生网络安全意识薄弱。许多学生对网络安全的重要性缺乏认识,个人信息保护意识淡薄。他们在使用网络时常常掉以轻心,没有意识到自己可能会面临安全风险。这导致他们容易成为网络犯罪的受害者,如遭遇个人隐私泄露、网络诈骗等。

高校学生缺乏网络安全技能和知识。虽然高校学生都会使用一些网络工具和应用程序,但他们对保护个人隐私、妥善处理网络安全事件等知识的掌握相对有限。这使他们在面对网络安全威胁时显得无所适从,难以有效保护自身的信息安全。

高校校园网络环境存在安全问题。一些高校的网络可能存在安全漏洞，容易遭受黑客攻击或病毒感染。缺乏有效的网络安全防护措施和技术支持，学生在使用校园网络时存在一定的风险。这不仅影响了学生的学习和生活，还给学校网络管理带来了挑战。

(三)高校学生网络安全管理措施

1.加强网络安全意识培养

通过开展网络安全教育和宣传活动，提高学生对网络安全的认识和警惕性。学生通过参与网络安全知识学习，了解网络安全的重要性和相关规则，从而增强自我保护意识。

2.完善网络安全管理制度和政策，建立健全的网络安全管理体系

高校应设置专门的网络安全管理团队，负责制定和执行网络安全管理政策和规定。这些规定包括网络使用行为规范、网络账号管理、信息安全和隐私保护等方面，以确保学生在使用网络的过程中遵守相关规定，防止恶意攻击和信息泄露。

3.加强网络安全技术应用和管理

高校通过安装和更新网络安全设备和软件以及不断提升网络安全技术水平，加强对网络的监控和防御。网络安全团队负责对学校网络进行实时监测，及时发现和处理可能存在的网络攻击或漏洞。

4.加强对学生的网络安全教育和培训

组织网络安全知识讲座、培训班和模拟演练等活动，使学生具备应对网络安全问题的能力和技巧。同时，定期组织网络安全应急演练，增强学生应对网络安全事故的处理能力，提高应急响应的效率和准确性。

5.建立网络安全事件处理机制

高校应设立网络安全事件处理中心，负责接收、分析和处理学生在网络使用过程中遇到的问题和安全事件。这个中心应与相关部门和机构建立紧密的合作关系，共同协作解决网络安全问题。

三、高校学生消防安全管理

(一)高校学生消防安全的重要性

高校学生消防安全的重要性在于它关乎每位学生的生命安全。可怕的火灾事故一旦发生,往往在短时间内就能带来灾难性后果。在校期间,学生的安全与健康是高校的重要责任,而消防安全是其中不容忽视的一环。只有高校消防安全得到充分保障和加强,学生才能在安全的环境中学习、生活。

高校学生消防安全的重要性在于它影响着校园整体安全。高校是一个庞大的系统,而学生是其重要的组成部分。一旦发生火灾事故,不仅会对学生造成伤害,还会给整个校园带来极大的影响。火灾事故的发生不仅是个别人的个别行为,还与校园内的环境、设施、消防设备以及管理措施等多个方面相关。因此,高校学生消防安全不仅是保护学生个体安全的问题,还是保护校园整体安全的问题。

高校学生消防安全的重要性还在于它影响学生综合素质的培养。学生时期是人生中重要的成长阶段,高校是学生成长的摇篮。学生在学习时也应该学会保护自己的安全。加强消防安全管理和教育,可以增强学生的安全意识和自我保护能力,提高他们应对火灾事故的应变能力。这样不仅能够保障学生的安全,还能促进他们全面发展。

(二)高校学生消防安全现状分析

高校学生对消防安全知识的了解和掌握程度不够。由于消防安全知识在学校课程中的受重视程度不足,很多学生对火灾的危害性和事故应对方法并不了解。这使学生在面对火灾事故时缺乏正确的判断和应对能力,从而增加了事故的发生和伤亡风险。

高校消防设施和装备的配备与维护存在不足。校园内消防器材和设施的数量和质量直接影响着火灾事故的应对和扑灭效果。在一些高校中,消防设备的配备和维护并不理想,一些消防器材年限过长、性能跟不上现代化要求,甚至一些楼宇没有配备灭火器等基本消防设施,这对高校学生消防安全构成了潜在的威胁。

高校学生生活行为和学校消防安全管理存在一定的问题。一些学生在寝室中违规使用电器、破坏消防设备或存放易燃物品等行为时有发生,这些都给消防安全带来了隐患。部分学校在消防安全管理方面存在不足,缺乏有效的监管措施和制度,未能及时发现和解决这些问题。这就需要高校加强对学生的消防安全教育,同时完善校园内部的消防安全管理措施,从根本上提升消防安全的综合管理水平。

(三)高校学生消防安全管理措施

1.建立健全的校园消防安全管理体系

学校应该成立消防安全管理委员会,明确各级责任,分配消防安全管理人员,并制定详细的消防安全管理制度。在校园中设置消防安全监控装置,定期进行巡查和检测,确保校园内各消防设施正常运行。此外,还需要建立完善的消防安全档案,及时了解消防安全隐患,便于有效管理和预防事故发生。

2.加强对学生的消防安全宣传教育

学校应定期组织消防安全知识培训,使学生掌握必要的应急救援技能和消防知识。这可以通过课堂教学、安全教育讲座、消防演习等活动进行,使学生对火灾的危害性和应对方法有清晰的认知。同时,利用校园广播、校园电视台、校园网等媒体渠道广泛宣传消防安全知识,增强学生的消防安全意识和自我保护能力。

3.加强消防设施建设与维护

学校应确保校园内消防设施的完善与有效。这包括配备火灾自动报警系统、灭火器和消防栓等基本设施,配备专业消防队伍。学校还应加强对校园消防设施的维护与检修,及时更新设备并确保其正常运行。同时,加强对学生宿舍、实验室、教室等场所的消防安全检查和管理,发现并消除火灾隐患,防止事故发生。

4.建立健全的应急预案和应急救援体系

学校应制订灵活、科学的应急预案,包括火灾报警、疏散逃生、救援处置等方面的具体规定和步骤,并组织学生和相关人员进行应急演练,提高其应急处理能力和组织协调能力。此外,学校还应与当地消防部门建立紧密的合作关系,及时获取消防安全信息和指导,确保能够快速、有效地响应突发事件。

四、高校学生财产安全管理

(一)高校学生财产安全的重要性

保护高校学生财产安全是为了给学生提供安全、稳定的学习环境。学生来自不同的地区且具有不同的家庭背景,在校园生活中,他们面临各种财产安全威胁,如财物被盗、损坏甚至失窃等。如果学生不能安心学习,担心自己的财产安全,他们的学习效果和学业成绩就会受到严重影响,从而影响他们未来的发展。

保护高校学生财产安全是为了培养学生良好的安全意识和安全习惯。在学校中,学生不仅要学习知识,还要学会如何保护自己的财产。学校加强财产安全管理,使学生能够意识到财产安全的重要性,了解如何防范财产安全风险,培养良好的安全意识和自我保护能力。这有助于学生在未来进入社会后能应对各种财产安全威胁。

保护高校学生财产安全能够增强学生对学校的信任感和归属感。学生在校园里度过了一段宝贵的时光,他们对学校有着深厚的感情和依赖。如果学校能够有效地保障学生的财产安全,他们将更加信任学校,同时也会对学校的管理和服务有更高的评价,提高自己的归属感和满意度。

(二)高校学生财产安全现状分析

高校学生财产安全面临多方面的挑战。其中,盗窃是最为突出的问题。由于高校校园的特殊性,学生宿舍区域作为学生日常生活的重要场所,往往成为窃贼活动的重点区域。另外,部分学生财产安全保护意识较弱,容易受到不法分子诱导,从而导致财产安全问题的发生。

高校学生财产安全问题与网络安全问题相关联。随着互联网的快速发展,校园网络已成为高校学生获取信息和进行交流的重要平台。网络安全问题逐渐引起人们的关注,网络诈骗和个人信息泄露等问题日益严重,成为学生财产安全的新隐患。

高校学生财产安全问题还与社会环境的变化有关。随着经济社会的快速发展,社会上的不稳定因素逐渐增多,影响着学生的财产安全。一些追求快速发展的人存在投机心理，通过对高校学生进行盗窃等违法行为牟取私利。同时，一些违法犯罪团伙也将目光投向高校学生，其作案手段更加隐蔽，给学生带来了更大的财产安全威胁。

（三）高校学生财产安全管理措施

为了保障高校学生的财产安全，采取一系列有效的管理措施至关重要。下面将具体介绍高校学生财产安全管理的一些措施。

1.加强宿舍安全管理

学校应建立健全宿舍管理制度，明确宿舍管理的责任和权限，加强巡查和监管工作。定期组织宿舍安全大检查，排除安全隐患并及时整改。安装宿舍门禁系统，只有经过授权的人员才能进入宿舍楼，有效防止外来人员的闯入。

2.在校园内建设完善的监控系统

在校园的关键区域安装摄像头，可以对学生活动进行全程监控，发现异常情况时能够及时处置。妥善保存校园内的监控录像，方便事后追查有关证据。对于私自带入危险物品或做出破坏行为的学生，要及时给予相应的纪律处分，以起到震慑作用。

3.开展财产安全教育和宣传

学校可以借助各种渠道，如班会、宿舍会、宣讲会等，向学生普及有关财产安全知识。教育学生提高警惕性，增强辨别能力，不随便相信陌生人和进入不明场所。同时，学校应保持与公安机关的联系，定期邀请警察或安全专家来校举办安全教育讲座，深化学生对财产安全的认识。

4.加强与学生的沟通和交流

成立学生安全委员会或建立学生安全反馈平台，这样，学生可以及时向学校反映财产安全问题的意见和建议。学校应积极回应学生的合理要求，及时解决问题，保障学生的合法权益。

第三节　高校学生心理健康管理

一、高校学生心理特征分析

（一）高校学生心理发展的特点

高校学生存在较大的个体差异。有的学生性格开朗、自信，适应能力强，有积极向上的心理；而有的学生内向、自卑，适应能力较弱，心理相对保守。这些个体差异会在心理发展上表现出来，因此分析高校学生心理发展特点时应注重考虑学生的个体差异。

高校学生追求个人独立和自主权的心理需求更加强烈。在进入大学后，他们逐渐脱离了对家庭的依赖，开始探索和建立自己的独立人格。他们追求自我实现、自主决策和自我管理的能力，希望能够在自己的生活和学习中拥有更多的支配权。这种追求个人独立和自主性的心理需求，对高校学生的心理发展造成了一定的影响。

高校学生的心理发展还受到社会环境和学校教育的影响。社会环境的多样性、学校教育的导向性和个人的自主选择权等因素，都会对高校学生的心理产生重要影响。例如，社会趋向于重视竞争和成功，导致一部分高校学生存在抑郁、焦虑等心理问题；学校教育的导向性偏向功利主义，导致一部分高校学生在追求成绩和表面形式时忽视了心灵的发展。

（二）高校学生心理问题现状

在当前高校教育环境下，学生心理问题呈现出一定的普遍性和复杂性。高校学生心理问题涉及范围较广，包括焦虑、抑郁、人际关系障碍等多个方面。学生承担着学业压力、就业压力、家庭压力等多种压力，这些压力对其心理健康产生了负面影响。

高校学生心理问题呈现出一定的程度差异。有的学生轻微焦虑、压力适度，但有一部分学生出现了严重的心理问题，甚至出现了自杀等极端行为。这种情况给学校和社会带来了较大的压力和困扰，因此认清高校学生心理问题的严重性和复杂性十分重要。

高校学生心理问题的特点包括多样性和个体性。每个学生的心理问题都有其特定的原因和表现形式，因此制定和实施有针对性的心理健康管理措施非常重要。有的学生可能存在睡眠问题，有的学生可能存在学习困难，有的学生可能存在自尊心低下等各种问题，这些问题需要不同的管理方式和策略。

高校学生心理问题也受到社会因素的影响。社会对于高校学生的期望和要求较高，经济、职业和人际关系的压力也在一定程度上影响了学生的心理健康。同时，社会对于高校学生心理健康的关注度越来越高，从教育部门到社会组织，都在积极推动高校学生心理健康管理发展和完善。

（三）高校学生心理健康影响因素

1. 学业压力

高校学生必须完成大量的学习任务，保持良好的学业成绩。这种压力常常导致学生出现心理问题，如焦虑、抑郁等。学业压力不仅来自沉重的学习负担，还来自社会期望和自我期望。

2. 人际关系困扰

在高校，学生面临新的社交环境和人际关系挑战。他们需要适应新的同学、室友和教师，建立新的友谊和合作关系。对于一些学生来说，这种变化可能会造成人际关系困扰，如交友困难、人际冲突等。这些会严重影响学生的心理健康。

3. 家庭因素

学生的家庭环境和家庭关系对于他们的心理健康非常重要。家庭问题较多、家庭氛围不和谐、家庭经济困难、家庭暴力、父母离异等，这些不良的家庭因素会对学生的心理健康产生负面影响。

4. 成长与自我认同问题

高校学生正处于成长和自我认同的关键阶段。在这个阶段，他们面临生活目标、职业规划、性别认同、价值观等方面的问题。对这些问题的处理会给学生带来焦虑、困惑和自信心不足等心理问题。

5.社会压力和社会比较

学生常常感受到来自社会的压力和社会比较。他们常常担心自己未来的发展,担心失去竞争力。社会媒体的普及也加剧了学生对身材、外貌、成绩等方面的比较心理。这种社会压力和社会比较可能加重学生的心理负担。

二、高校学生心理健康管理主体

(一)学生

学生自我管理是指学生在日常生活中主动调控自己的心理状态、情绪以及行为的过程。在高校学生心理健康管理中,学生自我管理被认为是一种重要而有效的方法。学生自我管理的核心在于培养学生自觉的心理意识和积极的自我调节能力。

学生自我管理需要培养良好的心理意识。学生应该积极认识到心理健康对于其个人成长、学业发展以及社交关系的重要性。了解自己的心理状态、情绪和需求,及时发现并解决自身心理问题,对于学生的心理健康至关重要。

学生自我管理需要学会进行有效的自我调节。借助各种方法,如通过体育锻炼、音乐欣赏、读书写作等途径,学生可以积极调节自己的情绪状态,缓解压力和紧张感。学生还可以通过规划自己的时间,养成良好的学习和休息习惯,提高工作效率,减少心理负担。

另外,学生自我管理需要注重个人价值观的培养。学生应该对自己有正确的认知和评价,培养积极的自尊心和自信心,树立正确的人际关系价值观。这有助于学生建立稳定的人际关系,提升社交能力,减轻负面情绪的影响,促进自身心理健康发展。

(二)学校

学校通过举办心理健康知识讲座、开设相关课程等形式,向学生传递心理健康知识,深化他们对自身心理状况的认知,帮助学生更好地理解自己的心理特征和需求,从而有针对性地进行心理健康管理。

学校应积极开展心理辅导与咨询工作。心理辅导和咨询旨在为学生提供情感支持和心理舒缓的空间,帮助他们解决心理困扰、消除心理压力。学校可以设立心理咨询中心或者指派专职心理咨询师，为学生提供有针对性的心理咨询服务。对于那些存在心理困扰的学生，校方应及时引导他们向咨询师寻求帮助，以便提供必要的对话和支持。

学校应组织丰富多样的心理健康活动，包括讲座、座谈会、心理团体辅导等，旨在引导学生积极参与并培养积极的心理状态。例如，学校可以组织心理健康讲座，邀请专家学者为学生解读心理健康相关知识，提供心理压力解决方案。通过开展心理团队辅导活动，学校可以促进学生之间的交流、互助和共情，培养学生的自我认知、自我调节能力及人际关系技巧。

在学校心理健康教育中，重要的一点是建立健全的评估机制。学校应该对心理健康教育的效果进行定期评估，了解学生对于心理健康教育的接受程度和满意度，并根据评估结果进行相应的调整和改进。同时，学校应注重与其他高校心理健康教育机构的交流与合作，分享经验和资源，实现心理健康管理工作的共同进步。

学校心理健康教育是促进高校学生心理健康的有效途径。通过加强心理健康知识传递、提供心理咨询服务、组织心理健康活动以及建立评估机制，学校能够培养学生的心理健康意识，提升他们的心理健康水平。学校在高校学生心理健康管理中承担着重要的责任，应不断努力探索适合学生需求的心理健康教育模式，为学生提供更好的心理健康管理服务。

（三）家庭

家庭作为学生成长的基本单元，对学生心理健康起着至关重要的作用。家庭成员间的亲密关系、家庭教育方式以及家庭对学生的支持与关爱等，都会对学生心理产生积极或消极的影响。

1.亲密关系

家庭成员之间的沟通与互动程度，家庭成员彼此之间的情感联系，以及家庭成员之间的支持与理解，都会对学生心理产生重要的影响。研究表明，亲密的家庭关系能够为学生提供情感上的支持与安全感，有助于学生建立积极的自我认同和自信心。相反，冷漠、争吵和孤立等不良家庭环境，容易引发学生的心理问题，如焦虑、抑郁等。

2.家庭教育方式

家长的教养方法、家庭的教育氛围以及家庭对学习和发展的期望，都会对学生的情感状况和心理健康产生直接影响。温暖、支持和理解的教养方式，有助于学生形成积极的人际交往能力和良好的心理适应能力。然而，过于严厉和压抑的教养方式，会给学生带来消极的情绪和心理压力，甚至导致学生产生心理问题。

3.家庭对学生的支持与关爱

家庭的支持和关爱能够帮助学生更好地应对困难、挫折和压力。家庭的支持不仅仅体现为物质上的帮助，更重要的是情感上的支持和关心。通过家庭的积极支持，学生能够增强自我价值感和自信心，减轻焦虑和抑郁情绪。

（四）社会

学生在高校社交环境中，需要面对和适应各个社交群体的要求和期待。有时，这种社交压力和期待会给学生带来心理负担和紧张感，影响其心理健康。因此，高校应加强对学生的心理健康教育，提供必要的心理支持和辅导，帮助学生更好地应对这些挑战。

社会价值观也会对学生的心理健康产生重要影响。社会价值观念在某种程度上塑造了学生的认知和行为方式。如果社会价值观偏向功利主义、竞争以及物质至上，会对学生的心理产生消极影响。因此，在构建和营造积极健康的社会价值观时，高校和社会应该共同努力，为学生创造有益于心理健康的社会环境。

三、高校学生心理健康管理措施

（一）心理健康教育课程

有效的课程设置和教学方式，能够深化学生对心理健康问题的认知，培养他们的心理健康素养，提供必要的心理帮助和支持。在高校学生心理健康管理中，心理健康教育课程的设计应当注重以下几个方面。

1.课程内容要覆盖学生心理健康的各个方面

心理健康教育课程应该包括身心健康、情绪管理、人际关系、压力调适、自我认知等内容,以满足学生在不同方面的心理需求。多样化的学习内容可以促使学生全面认识和了解自己的心理状态和心理健康问题。

2.课程教学方法要多样化

在心理健康教育课程教学中,仅依靠传统的讲授方式往往效果有限。因此,教师应该采用多种教学方法,如案例分析、小组讨论、角色扮演等,激发学生积极参与和思考。通过互动式的教学,学生可以更好地理解和应用所学知识,增强自身的心理健康意识和能力。

3.教师要具备专业素养和心理健康知识储备

教师在课堂上扮演着引导者的角色,应具备丰富的心理健康知识和教学经验。为了提高教师的专业水平,高校应加强对心理健康教育的培训和研修工作,为教师提供更新的理论知识和实践经验,以提升他们的教学能力和专业素养。

4.建立有效的评价机制

心理健康教育课程评价是确保课程质量和效果的重要手段。高校应建立科学的评价体系,对课程设置、教学方法、学生学习情况等进行全面的评价。基于课程评价结果,教师可以及时调整教学策略和内容,提高心理健康教育的有效性和实效性。

(二)心理咨询与辅导

在高校学生心理健康管理中,心理咨询与辅导是一项重要的措施。高校提供专业的咨询和辅导服务,可以有效满足学生的心理需求,帮助他们解决心理问题,提升他们的心理健康水平。

心理咨询与辅导为学生提供了一个良好的沟通平台。在这个平台上,学生可以自由地表达自己的内心感受、困扰和疑惑。心理咨询师会倾听他们的诉求,关注他们的心理问题,并提供专业的建议和指导。通过这样的沟通交流,学生可以更好地了解自己的内心世界,认识到自己的心理问题,并寻找解决问题的途径。

心理咨询与辅导为学生提供了心理健康指导和支持。在高校学习和生活中,学生面临各种各样的压力和挑战,包括学业压力、人际关系问题、情感困扰等。心理咨询师可以帮助学生分析问题的原因,并提供相应的解决方案和应对策略。同时,他们还可以提供积极的心理支持,鼓励学生保持积极的心态,面对困境和挫折，增强他们的抗压能力和适应能力。

心理咨询与辅导还可以为学生提供相关的培训和教育。心理咨询师可以通过举办心理讲座和工作坊等活动，向学生传授心理知识和技能，帮助他们更好地了解和管理自己的心理健康。这样的培训和教育可以提高学生对心理健康的重视程度，增强他们的心理健康意识，培养他们的心理健康管理能力。

（三）心理危机干预

心理危机是高校学生心理健康管理一项重要的任务。在大学生活中，他们面临诸多的挑战和压力，包括学业负担、人际关系、情感问题等，这些会引发心理危机，严重影响学生的身心健康。因此，采取有效的心理危机干预措施对于保障学生的心理健康至关重要。

1.建立完善的心理危机干预机制

高校应该建立健全的学生心理健康服务体系，设立心理咨询中心、学生事务中心等专门机构，为学生提供专业的心理咨询和辅导服务；制定详细的心理危机干预流程和应急预案，明确教师、辅导员、专业心理咨询师等相关人员的职责和权限，确保能够及时有效地处理学生心理危机事件。

2.开展针对心理危机的预防教育

高校可开设心理健康教育课程，向学生普及心理健康知识和技能，培养学生的心理适应能力和应对能力。高校通过课堂教学和团体活动，让学生了解常见的心理问题及其解决方法，引导他们形成正确健康的心态。

3.提供心理咨询与辅导服务

高校心理咨询中心可以为学生提供“一对一”的心理咨询服务，帮助学生分析、理解和应对自身心理问题。同时，辅导员和班主任等学生管理人员也可以开展心理辅导工作，通过与学生的互动和沟通，帮助他们有效地面对和解决心理困惑。

4.借助创新性的手段

例如，可以利用信息技术手段开展在线咨询和心理支持，为学生提供更加便捷和及时的服务。引入艺术、音乐、运动等多元化的心理健康管理手段，提供给学生更多的选择机会，让他们通过参与各类活动来缓解压力、调节情绪。

(四)创新性心理健康管理手段

1.利用信息技术进行心理健康管理

随着信息技术的快速发展，各类手机应用和在线平台为高校学生提供了便捷的心理健康管理渠道。通过这些平台，学生可以获得心理健康教育、自助心理调适和在线心理咨询等服务。手机应用还可以通过数据分析和个性化推送功能，帮助学生更好地了解自己的心理健康状态，并提供相应的解决方案和建议。

2.利用社交媒体平台进行心理健康管理

在当今社交化的网络环境下，很多学生习惯使用社交媒体进行社交互动和获取信息。针对这种情况，一些高校开始利用社交媒体平台搭建心理健康管理在线社区。学生可以通过这些社区分享自己的心情、交流经验，还能得到心理专家的指导和支持。社交媒体平台的互动性和信息传播速度，使得心理健康管理能够更广泛地覆盖学生群体，同时提供即时的心理支持与帮助。

3.游戏化心理健康管理

利用游戏机制和元素，心理健康管理可以更加生动有趣、让学生易于接受。一些高校开设了心理健康关注小组，通过组织心理健康知识竞赛、心理调查问卷填写等形式，提高学生对心理健康管理的关注度和参与度。这样的游戏化应用不仅能够调动学生的积极性，还能加深学生对心理健康问题的认识和理解。

4.科学理论支撑

高校需要与心理学研究院或相关机构合作，共同进行心理研究和实践，评估创新性手段在改善学生心理健康方面的成效。只有在理论与实践的基础上，才能更好地发展和应用创新性心理健康管理手段，为高校学生心理健康提供有效的支持和帮助。

四、高校学生心理健康管理体系的构建

(一)管理主体的确定和职责分配

在高校学生心理健康管理体系构建过程中，管理主体的确定和职责分配起着

至关重要的作用。为了确保管理工作有序进行，需要明确不同管理主体的职责，以便有效协调各方面资源，提供全方位的心理健康服务和支持。

高校心理健康教育部门作为一个重要的管理主体，承担着制定和实施心理健康管理政策的责任。该部门应该与其他相关部门密切合作，共同制订清晰的目标和计划，确保心理健康管理政策顺利实施。还应加强心理健康教育课程的开发和推广，提供学生所需的心理健康知识和技能。

学校领导层承担着管理主体的角色。他们应增强对心理健康管理工作的重视度，并提供必要的资源支持。他们应积极倡导心理健康理念，营造校园文化氛围，让学生意识到心理健康的重要性，并鼓励学生主动寻求帮助和支持。

辅导员和心理咨询师也是重要的管理主体。他们应承担起为学生提供心理咨询和支持的责任，充分发挥自己的专业能力。他们需要及时倾听学生的心声，提供个性化的咨询服务，并指导学生更好地应对心理困扰和压力。

除了以上提到的管理主体，学生自身也要发挥积极的作用。他们应该主动关注自己的心理健康状况，积极参与各项心理健康活动，并学会利用各种资源来维护自己的心理健康。同时，学生应主动与学校管理主体沟通，反馈自己的需求和建议，为管理主体提供有力的参考和支持。

（二）管理措施的选择和实施

1.针对学生群体的心理特征和需求进行调研和分析

高校可以通过问卷调查、个案访谈、焦点小组等方式，了解学生在学业、人际关系、自我认知等方面的心理问题和需求。只有深入了解学生的心理状态，才能有针对性地选择适合的管理措施。

2.制订具体的管理目标和计划

管理目标包括提升学生的心理素质、降低心理问题的发生率、增强学生的应对能力等。管理计划则需要明确且具体的措施和方法，如心理咨询、心理教育、心理健康知识普及等。针对不同的学生群体和问题类型，可以有针对性地制订相应的管理计划。

3.管理措施的实施需要多方合作

高校学生心理健康管理不只是单一部门的工作，而是需要学校、专业指导老师、心理健康中心、辅导员等多个主体密切配合。学校可以建立心理健康管理的组织架构和工作流程,明确各个主体的职责和权限。

4.加强管理措施的评估和优化

管理措施需要不断进行效果评估,以便不断调整和完善。评估可以采用定量和定性的方法,如学生心理健康水平测量、学生对管理措施的满意度调查等。通过分析评估结果,管理主体可以及时发现问题并进行优化。

(三)管理体系的评估和优化

管理体系的评估和优化是高校学生心理健康管理的重要环节。通过对管理体系的全面评估,高校可以发现其中存在的问题和不足,为进一步优化管理体系提供依据和指导。在评估过程中,可以采用多种方法和工具,如问卷调查、访谈等,以获取全面而准确的数据和信息。

1.评估管理体系的成效

对学生心理健康管理的实施情况进行评估,可以了解管理措施的实施效果是否达到了预期。这可以通过定量指标和定性分析相结合的方式进行。例如,统计学生的满意度、心理健康水平变化等指标,通过访谈和讨论了解学生对管理措施的评价和反馈。评估结果可以作为管理体系优化和改进的重要依据。

2.评估管理体系的可持续性和适应性

管理体系应具有可持续发展性,能够适应不同情境和需求的变化。因此,在评估过程中,需要考察管理体系的灵活性和适应性。例如,针对不同学生群体的特点和需求进行分析,评估管理措施能否满足不同群体的诉求;考察管理机构的规范性和运行效率,确保管理体系长期稳定和可持续发展。

3.评估管理体系与其他相关系统的协调性和衔接性

学生心理健康管理是一个复杂而多元化的领域,需要与其他相关系统进行密切衔接和协同运作。在评估过程中,需要考察管理体系与学校教育系统、卫生系统、社会支持系统等的协调程度和衔接程度。这可以通过跨系统的合作与对话来实现,从而促进信息共享、资源共享和工作协同,提高管理体系的整体效能。

第四章　高校学生管理模式创新

第一节　高校学生管理模式创新的必要性

一、提高高校学生管理效率

(一)管理效率的提升对学生发展的影响

提高高校学生管理效率对学生发展具有重要的影响。管理效率的提升可以有效提高学生的学习效率和挖掘学生的发展潜能。

较高的管理效率可以帮助学生更好地融入学习环境并更快地适应高校的教育体制。通过优化学生管理流程,确保信息的快速传递和学生需求的及时反馈,高校可以为学生提供更好的学习资源和支持。学生在高效的管理环境中,能够更快地融入学习氛围,提高学习效率。

提升管理效率对学生的个人发展和自我实现具有积极的影响。高效的学生管理机制能够更好地对学生的个性和特点进行了解和关注,从而有针对性地提供帮助和引导。通过定期的个人辅导和关注机制,高校可以为学生提供良好的成长环境和发展机会,激发学生的学习热情和创造力,培养他们的领导才能和创新精神。

提高管理效率还可以为学生综合素质的培养提供更好的支持。在高效的管理模式下,高校能够更好地对学生的全面发展进行规划和指导。通过搭建多样化的培养平台和建立完善的评价机制,高校可以帮助学生全面发展能力,如自主学习能力、团队合作能力和创新能力等。综合素质的培养将有助于增强学生的竞争力和适应能力,为他们未来的职业发展打下坚实的基础。

(二)提升管理效率的途径

1.借鉴现代科技手段,将信息化技术应用于学生管理中

例如,建立学生信息管理系统,实现学生信息的全面、系统化管理。这样,学

校可以减少烦琐的手工操作，提高信息处理的速度和准确性。同时，学生个人信息的汇总和分析也为学校提供了更好的数据支持，便于制定科学合理的管理策略。

2. 借鉴企业管理理念，构建科学的学生管理模式

学生管理不仅是对学生进行简单的日常管理，而且要注重整体规划和战略思维。学校可以引入项目管理的思维和方法，将学生全过程管理作为一个项目来进行，通过合理的目标设定、任务划分和资源调配，提高学生管理的系统性和效率。此外，学校还可以引入绩效管理制度，通过绩效评估和奖励激励，激发学生的积极性和创造力，提高管理效率。

3. 加强与社会各界的合作，拓展学生管理渠道和方式

学校可以与社会各界建立密切联系，开展形式多样的学生管理活动。例如，与企业合作开展实践课程，引导学生将所学知识应用于实际工作中，提升他们的实践能力；与社会组织合作，举办主题讲座、开展培训等，拓宽学生的视野和思维，提高他们的综合素质。

4. 注重管理模式创新的长期性和可持续性

管理模式创新不是一时的，而是一项长期的工作。学校应该建立健全的机制，对学生管理模式进行持续不断的改进和优化。同时，学校还应该加强对管理团队的培养和引进，提升他们的管理水平和创新能力。

二、培养创新型人才

（一）创新型人才培养与学生管理模式的关系

在创新型人才培养中，学生管理模式的创新能够提供更多的学习机会和资源支持。传统的学生管理模式往往注重纪律和规范，而忽视了学生个性的发展，限制了他们的创新能力。创新学生管理模式，可以为学生提供更加开放、自主的学习环境，培养他们的创新思维和实践能力。例如，通过项目学习、实践活动、科研参与等方式，让学生更主动地参与其中，培养其解决问题的能力和创新精神。

学生管理模式的创新与创新型人才培养密切相关。创新型人才不仅需要具

备知识和技能，而且需要具备创新思维和团队合作能力。学生管理模式的创新可以为此提供良好的平台。通过引入团队合作项目、创业实践等方式，学生能够在实践中思考和解决问题，培养他们的创新意识和团队合作精神。学生管理模式的创新也可以通过对学生进行创新教育和创新能力的培养，为创新型人才的培养提供更为有力的支持。

学生管理模式的创新还可以促进创新型人才培养成果的应用和推广。创新型人才的培养需要在实践中得以验证和应用，而学生管理模式的创新为此提供了机会。鼓励学生参与实践活动，并将他们的创新能力应用于实际问题中，可以促进创新型人才培养成果的应用和推广。例如，引入校内企业实践、社会实践等环节，让学生将所学的知识和技能应用于实际中，增强他们的创新能力和实践能力。

（二）学生管理模式创新对创新型人才培养的促进作用

学生管理模式的创新可以提供更加广泛的创新型人才培养平台和机会，激发学生的创新潜能。开展各种形式的实践活动，如创新创业竞赛、科技项目研究等，可以激发学生的创新思维和创新意识。此外，创新型的学生管理模式还可以引入创新教育理念和方法，鼓励学生在学习和实践中追求创新和突破。

学生管理模式的创新可以提高学生的主动学习和自主发展能力。传统的学生管理模式往往以教师为中心，强调知识的传授和学生的被动接受。而创新型的学生管理模式注重培养学生的主动学习能力，通过提供独立思考和解决问题的机会，培养学生的创新意识和批判思维能力。这种创新型学生管理模式可以使学生更好地适应现代社会对创新人才的需求，并培养他们的自主学习和自主发展能力。

学生管理模式的创新还可以促进学生与社会的紧密结合。高校通过与企业、科研机构等社会资源的合作，可以让学生接触到更多的实践机会，了解行业动态和需求。创新型的学生管理模式可以通过实践导向教学、项目合作等方式，促使学生将所学知识应用于实践，培养其解决问题的能力和实践能力。这种紧密结合的管理模式，可以使学生更好地参与和融入社会，提高他们的创新能力。

学生管理模式创新的策略与方法包括个性化管理、导师制度、课程改革等。个性化管理可以根据学生的兴趣、特长和发展需求，提供个性化的学习方案和管理服务，激发学生的创新潜能。导师制度可以为学生提供学术指导和职业发展指导，帮助他们更好地规划学习和发展方向。课程改革可以引入跨学科课程和项目型学习，促使学生跳出传统学科的框架，拓宽知识视野，培养其综合解决问题的能力。

三、提升高校竞争力

(一)高校竞争力的内涵

高校竞争力是指高校在当前高等教育体系中脱颖而出、在市场竞争中具备竞争优势的能力。高校竞争力的内涵主要包括学术实力、人才培养质量、科研创新能力、社会影响力等方面。学术实力是高校竞争力的核心,它体现了高校在学科建设、师资队伍、学术研究等方面的实力水平。学术实力的提升需要高校积极引进优秀人才、建设高水平学科平台、加强学术交流合作等。人才培养质量是评判高校竞争力的重要指标。高校应关注学生全面发展,注重培养学生的创新能力、实践能力和综合素质,提高毕业生的就业率和就业质量。同时,高校应积极推动创新型人才培养模式的实施,鼓励学生参与科研项目、创新实践等活动。此外,科研创新能力也是高校竞争力的重要组成部分。高校应加强科研平台建设,提升科研团队的创新能力,培养一批具有国际水平的科研团队和科研骨干。高校竞争力与社会影响力密切相关。高校应主动融入社会发展,积极参与社会服务与社会创新,提升高校在社会中的影响力。与产业界、政府部门加强合作,推动科技成果转化和社会经济发展。

(二)学生管理模式创新对高校竞争力的影响

在学生管理模式创新的基础上,高校能够更好地适应高等教育改革的需求。随着社会的不断发展和高等教育的快速变革,传统的学生管理模式已经无法满足新时代学生的需求。因此,高校需要创新学生管理模式,为学生提供更加个性化的教育服务,使其能够适应社会发展的需求,提高学生的综合素质和竞争力。

学生管理模式的创新能够提高高校学生管理效率。传统的学生管理模式存在信息不对称、学生群体庞大等问题,导致管理效率低下。而通过创新学生管理模式,高校可以引入先进的信息技术和管理手段,提高对学生信息的收集、分析和管理能力,从而实现学生管理的精细化和科学化。这不仅能够提高高校学生管理效率,还能够更好地满足学生的个性化需求,促进学生成长与发展。

另外,学生管理模式的创新对培养创新型人才具有重要意义。现代社会对高校毕业生的要求不仅是掌握一定的专业知识,还需要具备创新能力和创业精神。传统的学生管理模式往往注重对学生的学习成绩和课堂表现进行评估,忽视了对学生创新能力的培养。而通过创新学生管理模式,高校能够更加注重培养学生的创新意识和创新能力,提供更多的机会和平台,激发学生的创造力,培养创新型人才,进一步提升自身的竞争力。

第二节　高校学生管理模式创新的策略

一、家校合作和社区参与

(一)家校合作的必要性和作用

1.家校合作有助于促进学生全面发展

家庭和学校密切合作,可以为学生提供全面的发展机会。家庭可以为学生提供情感支持和家庭教育,学校则负责教授学科知识和培养综合素质。家校合作使学生能够在家庭和学校两个重要环境中获得不同的教育资源,有利于促进学生全面发展。

2.家校合作能够促进学生学业成绩的提升

家庭对学生成绩的影响不容忽视,而学校作为主要的教育机构,也承担着培养学生学习能力和知识技能的重要责任。家校合作可以形成相互促进的良性循环。家庭可以通过提供合适的学习环境和激发学生的学习兴趣,帮助学生提高学习动力和效果。学校则可以通过与家庭密切配合,了解学生的学习情况和存在的问题,提供个性化的学习支持和指导。家校共同努力,提升学生的学习成绩。

3.家校合作能够培养学生的综合素养

综合素养是学生的核心素质之一,包括智力素质、品德素质、劳动素质、社交素质等多个方面。家庭和学校是学生综合素养培养的重要场合,家校合作可以实现资源互补和优势互补。家庭可以传授学生良好的家庭价值观和个人品德,学校则可以教授学生学科知识和社交技能。家校合作旨在通过整合家庭和学校的教育资源,共同培养学生的综合素质,使其具备良好的人生素养和社会适应能力。

（二）社区参与的形式和优势

社区参与可以提供实践机会和资源，为学生提供更广阔的发展空间。通过与社区合作，学生可以参与社区项目，获得实践经验并提升实践能力。社区往往拥有丰富的资源，如社会教育机构、企事业单位等，通过参与社区项目，学生能够接触到更多的学习资源，获得更多学习和发展的机会和条件。

社区参与可以促进学校与社会的紧密联系。高校学生管理不仅是学校内部的事务，还应该与社会相融合。社区参与能够加强学校与社会之间的联系，增强双方的互动和合作。通过与社区合作，学校能够更好地了解社会的需求和变化，从而更好地针对学生的管理需求进行调整和改进。

社区参与可以提供多元化的支持和帮助，为学生提供更全面的服务。社区往往具有丰富的资源和经验，能够为学生提供多方面的支持，如提供心理咨询、职业规划、就业培训等服务。通过参与社区项目，学生可以获得全面的帮助，更好地解决学习和成长中遇到的问题。

社区参与还能培养学生的社会责任感和团队合作能力。社区参与需要学生主动参与和与他人合作，这可以培养学生的社会责任感和团队合作能力。通过参与社区项目，学生能够感受到自己对社会发展的贡献，并在合作中提升与他人沟通、协调和合作的能力。

（三）家校合作和社区参与的实施策略

在家校合作方面，可以建立良好的沟通渠道。学校和家庭应建立定期沟通机制，如召开家长会、开展座谈会等，以便及时交流学生的学习情况和行为表现，共同制订更有效的帮助方案。还可以建立多元化的家校合作形式。这包括与家庭合作组织各类活动，如亲子讲座、亲子运动会等，旨在增进家长对学校的了解和参与感。学校也应积极参与社区的各项活动，如社区义工活动、社区文化节等，促进学校与社区的紧密联系，并提升学生在社区发展中的贡献。

社区参与的实施需要注重提高社区的参与度和满意度。学校可以借助社会资源，开设兴趣班、课外辅导班等，既能为学生提供更多的学习机会，也能吸引社区居民参与其中。学校还可以与社区合作开展社会实践活动，如社区义工活动、志愿者服务等，既能为学生提供实践机会，又能为社区提供一定的帮助与服务。

为了更好地实施家校合作与社区参与，学校还应充分利用信息化技术，搭建统一的信息平台，方便学校、家庭和社区之间的交流和互动，通过网络平台传达学校的管理要求、学生的学习情况以及社区活动信息等，提高信息的透明度和互动性。

二、应用智能化技术

(一)智能化技术在学生管理中的角色

智能化技术能够为学校提供准确、及时的数据支持，有助于更好地了解学生的情况和需求。通过学生信息管理系统和数据分析平台，学校能够实时掌握学生的学习情况、出勤情况、心理健康状况等各个方面的数据。基于这些数据，学校能够有针对性地制订个性化的教育和管理方案，为学生提供更好的支持和关怀。

智能化技术能够提供更加便捷和高效的沟通渠道。传统的学生管理模式中，学校与家长之间的信息交流通常通过纸质通知、电话等方式进行，效率较低且容易产生信息丢失的问题。而借助智能化技术，学校可以与家长通过 App、电子邮件、微信等方式进行即时交流。家长能够随时了解学生的学习情况、考试成绩、校园活动等信息，也可以及时与学校沟通交流，从而实现学校与家长之间的紧密合作。

另外，智能化技术还能为学生提供更加个性化和精准的学习辅助。通过智能化教育平台和在线学习资源，学生可以根据自身的学习需求和兴趣选择适合的学习内容和方式。智能化系统可以对学生的学习行为和成绩数据进行智能分析，为学生提供个性化的学习建议和指导。同时，智能化技术可以为学生提供在线测评、作业提交、学习笔记整理等功能，帮助学生更好地管理自己的学习过程。

(二)智能化技术的应用形式

在高校学生管理中，智能化技术广泛应用于信息化管理系统。学校可以建立学生信息管理系统，将学生的个人信息、学习成绩、违纪记录等集中管理，实现一站式管理，为管理者提供全面的信息支持。通过智能化技术的支持，学校可以快速查询学生信息，及时发现和解决学生管理中存在的问题。

智能化技术可以应用于学习辅助工具的开发。随着智能化技术的不断发展，各类智能化学习工具如智能题库、在线学习平台等得到了广泛应用。学生可以通过智能化学习工具进行个性化学习，系统可以根据学生的特点和需求，提供个性化的学习资料和学习路径，帮助学生提高学习效果。

智能化技术可以应用于学生行为监测与评估。学校可以利用监控设备、传感器等来对学生的行为进行监测和评估。例如,学校可以安装智能化考勤系统,实时记录学生的入校、离校情况,降低人工管理的成本和错误率。学校还可以利用智能化技术对学生的活动轨迹、学习习惯等进行分析,为学生管理决策提供科学的数据支持依据。

智能化技术的应用还可以拓展到学生生活管理方面。学校可以建立智慧宿舍系统,利用智能化技术对宿舍环境、宿舍安全等进行监测和管理。通过智能化技术的支持,学校可以提供更加安全和舒适的宿舍环境,确保学生的生活质量和学习效果。

(三)智能化技术的应用策略

高校应该明确智能化技术在高校学生管理中的角色和作用。智能化技术可以帮助学校实现信息化管理,提升学生的学习体验和服务质量。通过引入智能化技术,学校可以实现对学生信息的实时记录和分析,为学生提供个性化的学习支持和指导。智能化技术还可以促进师生之间的互动和交流,打破时间和空间的限制,实现远程教育和教学资源共享。

智能化技术的应用需要因地制宜。不同学校和学生群体的需求各不相同,因此在应用智能化技术时,需要根据具体情况选择合适的应用形式。例如,一些学校可以开发智能化教学平台,通过在线课程和互动学习工具,为学生提供多元化的学习资源和在线学习机会。另外,学校也可以利用智能化技术开发学生管理系统,实现学生信息的集中管理和相关服务的自动化。

智能化技术的应用还需要关注管理模式的转变和机制的建立。学校管理者应该认识到,智能化技术的引入不仅仅是简单的技术工具的应用,更重要的是要改变原有的管理思维和管理模式。智能化技术的应用需要建立相应的管理激励机制,激发教师和学生的积极性和创造性。同时,学校管理者还应该与相关部门和社会资源进行合作,共同推动智能化技术的应用和发展。

三、搭建合作交流平台

(一)搭建合作交流平台的重要性

合作交流平台在促进校内外合作、沟通和交流方面发挥着至关重要的作用。

1. 合作交流平台为学生提供了更多的合作机会

在传统的学校管理模式中，学生的合作机会往往局限于课堂内的小组合作或少数社团活动，缺乏多元化的合作平台。而通过合作交流平台，学生可以跨越学科、院系、年级的限制，与其他学生共同参与各种合作项目。这种开放性的合作机会为学生提供了更多的选择与发展空间。

2. 合作交流平台促进了学生之间的沟通交流

学生之间的沟通交流不仅是学习上的交流，还包括生活经验的分享、情感的宣泄以及兴趣爱好的讨论等。合作交流平台提供了一个自由交流的空间，使学生可以随时随地与其他同学进行互动和交流。这种交流的开放性和及时性，为学生建立了更丰富的人际关系，有助于培养学生的沟通能力和合作精神。

3. 合作交流平台为学生提供了展示能力与成果的机会

通过在平台上发布自己的项目或作品，学生可以展示自己的专业知识和技能，得到他人的认可和赞赏。这种展示的过程不仅可以增加学生的自信心，还能够鼓励他们在学习和创新上进一步努力。同时，合作交流平台也为学生提供了寻找志同道合的伙伴并与之合作的机会，有助于推动学生之间的协同学习和共同进步。

（二）合作交流平台的构建要素

1. 平台的技术基础

在技术上，平台需要具备稳定的服务器和网络环境，以确保师生能够随时随地进行交流和合作。另外，在平台设计上，需要注重用户友好性和易用性，确保师生可以方便地使用平台进行信息发布、资源共享和互动交流。

2. 平台内容的丰富性

平台应提供多样化的信息内容，包括学术资源、教学课件、学生作品等，以满足不同学科和年级学生的需求。平台还应提供相应的工具和功能，如讨论区、在线问答等，以促进师生之间的互动交流和知识共享。

3. 平台的管理机制

平台的管理机制需要确保信息的及时更新和维护,并对用户的行为和互动进行适度的管理和监控。同时,平台的管理机制还需要设立相应的规则和制度,如发帖规范、互动行为准则等,以维护平台的秩序和良好的师生关系。

4. 平台的培训与支持

高校需要为师生提供相关的培训和指导,以提高他们使用平台的能力和水平。平台应设立相应的技术支持和问题解答渠道,帮助师生解决在平台使用过程中遇到的问题和困惑。

(三)合作交流平台的运营策略

合作交流平台的功能设计应当注重实用性和用户体验。平台应具有便捷的信息发布和查询功能,以方便学生和家长获取学校的最新动态、课程安排、学生表现等相关信息;还应支持线上互动、线下活动的组织和管理,以促进学生、家长和学校之间的互动交流。

为了提高平台的使用率和黏性,需要加强宣传推广和培训工作。学校可以通过向学生、家长和教师进行宣传,并提供相应的培训和指导,帮助他们更好地利用合作交流平台;还可以开展一些有趣的活动,如抽奖等,吸引用户参与和使用平台。

另外,为了确保平台的安全性和可靠性,需要采取必要的安全措施和技术手段。学校应加强平台的信息安全保护,如加密用户数据、定期备份数据、设置访问权限等。同时,要确保平台稳定运行,及时处理平台出现的故障和问题,及时提供技术支持和维护。

学校还可以通过合作交流平台收集用户的反馈意见,并及时调整和改进平台的功能和服务。定期的用户满意度调查和交流会议可以帮助学校了解用户需求和平台需要改进的方向,进一步完善合作交流平台。

(四)合作交流平台使用效果分析

合作交流平台的使用有助于加强学生间的知识交流和学习合作。平台提供了便捷的信息传递渠道,学生可以通过发布学习资源、讨论问题、分享经验等方式,加深对知识的理解和应用。学生可以与同学开展线上合作项目,共同解决复杂问题，培养团队合作意识和能力。

合作交流平台的使用有助于拓展学生的人际交往范围与社交资源。学生可以通过平台与其他专业领域的学生进行交流，分享各自的专业知识和经验，互相启发和激发创新思维。平台还提供了与企业、社会组织等外界资源的对接机会，为学生提供实习、就业和创业的渠道，拓宽他们的发展路径。

平台的建立与推广对于促进学生创新创业具有积极影响。学生可以通过平台与其他学生进行交流和合作，共同开展创新项目，并得到更多的资源和支持。同时，平台也提供了创业项目的展示和推广平台，为学生提供展示才华和拓展创业机会的重要渠道。

四、建立管理激励机制

（一）管理激励机制的理论基础

建立管理激励机制的目的是激发学生的积极性、主动性和创造性，提高学生的学习和发展水平。建立合理有效的激励机制，可以引导和推动学生参与各项活动，增强他们的责任感和归属感，激发他们的学习动力和发展潜能。

行为心理学研究了人们的行为动机和动力来源，对管理激励机制的设计起到了重要的指导作用。例如，马斯洛的需求层次理论认为，人的需求可分为生理需求、安全需求、社交需求、尊重需求和自我实现需求五个层次。管理激励机制应当考虑满足学生在不同层次的需求，以激励他们积极向上的行为。

另外，现代教育心理学研究了学习动机、学习态度和学习行为之间的关系，为管理激励机制的设计也提供了重要参考。例如，阿德勒的个体心理学强调了个体的目标导向，指出学生的积极性和学习动机与他们的目标设置和努力程度密切相关。因此，在管理激励机制的设计中，应当考虑学生的个体差异，提供个性化的目标设置和奖励方式。

社会学的相关理论也对管理激励机制的设计有所启示。例如，社会认同理论认为，人们会因为追求社会认同而参与社会活动和行为。在高校学生管理中，可以通过激励机制加强学生对学校的认同感和荣誉感，使他们更加积极主动地参与各种学校活动。

（二）管理激励机制的设计要点

确保管理激励机制目标明确。管理激励机制目标应该与学校的整体目标和发展战略一致，并明确关注学生综合素质的提升。例如，通过设立奖学金、评选优秀学生等方式，激励学生在学术、科研、社会实践等方面取得杰出成绩，促使他们全面发展。

管理激励机制的设计应该注重激发学生的内在动力。这意味着高校要通过一系列激励手段和措施，激发学生的学习兴趣和动力，提高他们的积极性和主动性。例如，提供优质的学术资源、学术导师指导等，鼓励学生积极参与学术研究和创新实践，培养他们的自主学习能力和创新精神。

管理激励机制的设计要注重差异化和个性化。每个学生都是独特的个体，他们有不同的兴趣、特长、潜能和需求。因此，高校需要根据学生的差异性和个性化需求，设计相应的激励措施。例如，为有创业意愿的学生提供创业实践机会和资源支持，为善于艺术表达的学生提供专业培训和舞台展示机会，以满足不同学生群体的需求，激发他们的潜力。

管理激励机制的设计还需要关注长期效果和可持续性。高校应该建立完善的激励评估体系，及时对激励措施的有效性进行评估和反馈。只有通过持续的监测和调整，才能确保激励机制的长期推行，并不断提高其效果。高校还需考虑激励机制的可持续性，确保其资源可持续供给及对学生学习和发展的长期支持。

第三节　高校学生管理模式创新实践

一、个性化管理

(一)个性化管理的定义与理论基础

个性化管理是指根据每个学生的特征和需求，量身定制个性化的教育服务和管理措施，以提供更加精细化、个性化的教育支持和指导。个性化管理的理论基础主要有两个方面：个体差异理论和发展心理学理论。

个体差异理论认为每个学生都具有独特的个性特征、学习方式和发展需求。个体差异理论将学生视为独立个体，并关注学生在认知、情感、社会与行为等方面的差异。根据学生的个体差异，个性化管理可以提供有针对性的学习支持和教育服务，满足学生个体发展的需求。

发展心理学理论强调人的发展是一个动态、连续的过程。发展心理学认为，每个学生的发展路径和节奏都是不同的。个性化管理意味着将学生的发展阶段和需求纳入考虑范畴,并提供相应的支持与引导。根据学生的发展特点来制定管理措施,可以更好地促进学生的个体成长和全面发展。

(二)高校学生个性化管理实践

高校学生个性化管理实践体现在入学阶段的个性化服务上。新生的到来意味着一个新的开始,他们来自各个地方,具有不同的文化背景和学习经历。因此,学校要通过提供专门的入学指导和咨询服务,帮助新生适应学校的环境和学习方式。例如,学校可以组织新生营,为他们提供社交机会,同时开设入学辅导课程,帮助他们了解学校的规章制度和学习资源。

高校学生个性化管理实践还表现在学业发展的个性化指导上。不同的学生有不同的学习方式和兴趣爱好,因此学校应该根据学生的喜好和优势为他们提供个性化的选课和学习指导。例如,学校可以开设不同方向的选修课,让学生根据自己的兴趣选择适合自己的课程。在课程学习过程中,教师可以采用差异化教学方式,根据学生掌握的程度和学习进度有针对性地进行教学调整,使每个学生都能在学业发展中获得个性化的指导。

高校学生个性化管理实践还体现在心理健康与职业发展的个性化辅导上。学生在校期间不仅要面对学业压力,还要面对人际关系、情感困扰等一系列问题。学校应该为学生提供心理咨询和指导服务,帮助他们正确面对并解决遇到的问题。学校还应该关注学生的职业发展需求,通过举办职业规划讲座、提供实习就业信息等方式,帮助学生制订个性化的职业发展计划,并提供相关支持和指导。

(三)个性化管理效果分析

1.提升学生个体能力

首先,通过了解每个学生的特长、兴趣和优势,学校可以根据个体差异为每个学生提供相应的培养机会和资源。例如,对于具备音乐天赋的学生,学校可以安排专门的音乐培训课程,激发其艺术表达能力。其次,个性化管理模式注重发掘学生的自主学习能力和解决问题的能力,鼓励学生在学习中积极探索、独立思考,从而培养其自主学习能力和创新创造能力。个性化管理模式的实施为高校学生个体成长打下了坚实的基础。

2.提高学生的学业水平

学校在个性化管理中根据学生的学习特点和个体需求，为其量身定制学习计划和课程安排。这样一来，学生可以根据自身的学习进度和兴趣进行学习，提高学习效果和积极性。个性化管理注重开展个别辅导和学科竞赛等活动，促进学生深度学习和学科能力的提升。因此，个性化管理模式不仅为学生提供了更好的学习环境和资源，而且有效提升了其学业水平。

3.发掘学生的发展潜力

在个性化管理中，学校注重培养学生的综合素质和创新能力。引导学生参与各类社团、实践活动和创新创业项目，能够帮助学生发掘和发展自己的特长，激发学生的潜能。个性化管理模式鼓励学生积极参与社会实践和校外实习等活动，能够拓宽学生的视野，培养学生的社会适应能力和自我发展能力。因此，个性化管理模式为学生的综合发展提供了良好的平台和支持，增强了其发展潜力。

二、社区化管理

(一)社区化管理理论与模型

社区化管理的理论基础主要有社区学理论、生态系统理论和人本主义理论。社区学理论认为，将学生管理置于社区化的环境下有助于营造良好的学习和生活氛围，激发学生的学习和创造潜力。生态系统理论强调个体与环境的相互作用，指出学生的发展和学习需求受到环境的影响，而社区化管理提供了更为适宜的学习和成长环境。人本主义理论关注个体的自我实现和发展，认为学生是主体，应当被赋予更多的主体性和自主权，而社区化管理体现了这一理念。通过这些理论的支持和指导，社区化管理在高校中得到了广泛的应用和推广。

在社区化管理的实践中，出现了一些典型的管理模型。其中，基于学生参与的共同治理模型是较为经典的一种。该模型强调学生参与决策制定和管理过程，实现学生与管理者之间的合作和共同治理，以收到更好的管理效果。此外，授权与赋能模型也是社区化管理的一种重要模式。该模式通过将决策权下放给学生和相关管理者，赋予他们更多的自主权和责任，激发他们的主动性和创造力。通过对这些模型的运用，社区化管理能够更好地满足学生的需求，提升学生管理的效能。

(二)高校学生社区化管理实践

高校学生社区化管理实践是指通过建立学生社区,构建良好的社群环境,推动学生自治和自我管理。社区化管理充分利用学生的主体性和参与性,鼓励他们积极参与学校事务的管理和决策过程,促进学生全面发展。

高校学生社区化管理实践注重学生的参与和自治。学生作为学校的重要组成部分,应当是管理的主体。因此,在社区化管理中,学校应当营造积极的氛围,鼓励学生参与学校事务的讨论和决策。例如,通过设立学生议事会、成立学生社区服务团队等方式,让学生参与校园规划、活动组织的过程,从而提高学生的参与感和主动性。

高校学生社区化管理实践重视学生之间的互动与交流。社区化管理的核心理念是建立良好的社群环境,在学生之间建立互助、合作的桥梁。为此,学校可以建立学生社区活动中心,提供丰富多样的社区活动和课程,促进学生之间的交流与合作。同时,学校还可以组织学生参加社区义工活动,培养学生的社会责任感和团队合作能力。

高校学生社区化管理实践还注重培养学生的创新精神和实践技能。社区化管理的目标之一是提升学生的整体素质,因此学校应该提供更多的创新实践机会,鼓励学生积极参与科研、创业等实践活动。例如,学校可以设立创新创业项目基地,组织学生参与实际项目的策划与执行,培养他们的创新思维和实践能力。

(三)社区化管理效果分析

以社区为基础的学生管理模式使得学生与学校之间的交流更加密切。社区化管理为学生提供了一个相对封闭且规模相对较小的管理环境,学生可以更加方便地与教师、辅导员和其他同学沟通和交流。这种密切的交流极大地促进了学生之间的互动与合作,使得校园成为一个真正的学习共同体。

社区化管理模式下,学校可以更好地了解学生的需求和问题。通过社区化管理,学校可以建立有效的反馈机制,及时获取学生的意见和建议。学生作为管理的主体,其需求和问题是学校决策的重要依据。社区化管理从根本上改变了过去学校单方面掌握管理权力的情况,将学生融入管理过程,提高了管理决策的灵活性和准确性。

社区化管理对学生的个性化发展有积极的影响。社区化管理模式下,学生可以更加充分地发展自己的特长和兴趣；管理者会更注重发现并满足学生的个性化需求，为每个学生提供更加贴合个性的指导和关怀。这种个性化的管理方式能够更好地激发学生的潜力，增强其自我意识和自我管理能力。

三、协同管理

（一）协同管理理论与框架

协同管理作为一种新型的高校学生管理模式，旨在通过学生处、教务处和后勤处的协同合作，实现对学生的全方位管理。协同管理的理论基础主要包括协同合作理论和管理控制理论，这些理论的结合可以构建出一个完整的协同管理框架。

在协同合作理论中，最重要的概念是团队合作。团队合作是指不同部门之间相互协作、相互支持，以实现共同的目标。在高校学生管理中，学生处、教务处和后勤处作为关键部门，需要紧密合作，共同制定学生管理策略和规划，确保学生全面发展。

管理控制理论则强调对学生管理过程进行有效的控制和监督。通过制定明确的目标和标准，学生处、教务处和后勤处可以实施相应的管理措施，对学生行为进行监控和评估。同时，管理控制理论还强调信息共享和沟通的重要性，只有及时传递和共享信息，各部门才能协同工作，共同解决学生管理中存在的问题。

基于以上理论，协同管理的框架可以分为四个核心要素：目标设定、任务分配、协同合作和绩效评估。首先，学生处、教务处和后勤处需要共同制定学生管理的目标和标准，明确各自的职责和任务。其次，各部门需要合理分配任务，确保每个部门都能够发挥自己的专业优势。在任务执行过程中，协同合作是关键，各部门需要加强沟通与协调，相互支持，共同解决学生管理过程中出现的问题。最后，协同管理的绩效评估是一个持续的过程，通过对学生管理效果的评价和反馈，可以不断改进和优化协同管理的模式和策略。

（二）协同管理实践

学生处、教务处和后勤处是学校管理的三个重要部门，它们之间的协同管理对于学生的全面发展和学校的整体运行具有至关重要的作用。

学生处、教务处和后勤处的协同管理需要建立有效的沟通渠道。沟通是协同管理的基础，只有信息透明、及时沟通，三个部门才能充分了解彼此的需求和任务，避免信息传递不畅而产生误解。因此，在协同管理实践中，定期组织工作会议、设置专门的信息共享平台等举措是必不可少的，这样能够促进各部门之间的信息交流和共享，提高工作效率。

另外，在协同管理实践中，学生处、教务处和后勤处需要明确各自的责任和任务，并互相配合。每个部门在高校管理体系中都有着自己的职责和要求，但这并不意味着各自孤立地工作。相反，只有相互配合、相互补充，三个部门才能形成协同管理的整体效应。例如，学生处负责学生教育管理，教务处负责课程设置和学生学业管理，后勤处负责校园环境和设施维护，三个部门可以通过制订共同的工作方案、相互协商、资源共享等方式实现协同管理，提高管理效果。

协同管理实践中的信息化建设也是至关重要的一环。随着信息技术的不断发展，学校管理部门可以借助信息化手段来实现更加高效、精确的协同管理。例如，建立统一的信息系统，实现学生信息、课程安排、资源调配等数据的共享和管理。通过信息化手段，学生处、教务处和后勤处可以更加方便地进行信息交流和沟通，从而提高工作效率和管理水平。

（三）协同管理效果分析

协同管理通过学生处、教务处和后勤处之间的密切合作与协调，有效地破除了各部门之间的壁垒，达到共同为学生提供全方位、个性化的管理服务的目的。通过与学生处紧密合作，教务处能够更好地了解学生的学习需求与问题，提供更有针对性的教学资源和支持；后勤处的协同参与也使得校园环境更加舒适、便利，为学生的学习和生活创造更好的条件。

协同管理在信息化时代的高校管理中具有重要意义。借助信息化手段，不同部门之间的信息共享与交流越发密切，增强了协同管理的效果。例如，学生在学生处提交的相关信息可以及时转交给教务处和后勤处，有助于各部门按需提供个性化服务。部门间的信息协同也能够更好地实现工作流程的优化与协同决策的实施，提高管理的效率与准确性。

协同管理不仅涉及学生处、教务处和后勤处之间的合作，还包括其他相关部门的参与。例如，心理健康中心、就业指导中心等专业化机构的参与，进一步丰富了协同管理模式的内涵。这些专业部门的加入，既为学生提供了全面、个性化的服务，也为高校学生管理提供了更为系统化的解决方案。

在协同管理框架下，学生处、教务处和后勤处相互学习、相互成长，形成了协同共生的良好氛围。从一开始的相互了解、认识，到建立起相互信任并共同积累经验与专业知识，再到不断向前迈进的创新实践，各部门之间的合作逐渐走向成熟稳定。这种氛围的形成对于高校学生管理的长期发展和持续改进具有积极的促进作用。

四、信息化管理

（一）信息化管理理论与技术

信息化管理是一种有效利用信息技术手段来提高高校学生管理效率和质量的管理模式。它借助先进的信息技术和管理理论，以数据为基础，以信息化系统为支撑，对学生管理过程进行全面、科学、系统的管理。

信息化管理理论为学生管理提供了新视角。传统的学生管理模式注重规范和制度方面的管理，而信息化管理理论强调利用信息技术来拓展学生管理的边界。它通过数据挖掘、数据分析等手段，从学生信息系统中获取有价值的信息，帮助学校和学生处更好地了解学生的需求和行为特征。在这种理论的指导下，高校可以更准确地把握学生的发展动态，为学生提供个性化、精准的管理服务。

信息化技术为高校学生管理带来了一系列的创新。学生信息系统、学生档案管理系统、学生行为监测系统等信息化管理工具的引入，使得学生管理工作更加高效、便捷。例如，学生处可以利用学生信息系统的查询功能，快速了解学生的选课情况、成绩、奖惩记录等信息，从而有针对性地为学生提供帮助和指导。同时，信息化平台建设促进了学校之间、学校与学生家长之间的信息共享和协同管理，打破了信息“孤岛”，提高了学校管理的整体水平。

信息化管理在高校学生管理方面取得了显著的效果。

首先，信息化管理提高了学生管理的科学性和规范化水平。通过建设和运用信息化系统，学校可以建立更为完善和规范的学生档案管理体系，减少信息处理的纰漏和错误。

其次，信息化管理提升了学生服务的便捷性和个性化水平。学校可以根据学生信息系统提供的数据分析结果，精确洞察学生需求，主动为学生提供与其个性化需求相匹配的服务。

最后，信息化管理提高了学校管理的透明度和效率。通过信息化系统，学生和家长可以实时了解学生的学业、生活情况，学校的管理决策也更加透明和公正。

（二）高校学生信息化管理实践

高校学生信息化管理实践的一个重要方面是对学生信息的采集和管理。借助现代信息技术手段，学生信息可以被有效地收集和存储，包括个人基本信息、学业成绩、课程选修情况等。通过对学生信息的精准管理，学校可以更好地了解每个学生的特点和需求，为其提供个性化的教育服务。

高校学生信息化管理实践也包括学生学习管理的信息化应用。学生可以通过学校提供的信息系统查询课程表、选课情况、考试安排等信息。同时，教师可以通过信息系统发布课程资料、课堂作业等，方便学生在线学习和交流。这种信息化管理模式有效地提高了学生学习的便利性和效率，促进了教学过程的现代化。

高校学生信息化管理实践还涉及学生生活管理。学生可以通过信息系统申请宿舍、查询宿舍楼层、了解社区服务等。学校可以通过信息系统向学生发布校园活动信息、学生社团活动等，增强学生参与校园生活的积极性。这样的信息化管理模式在提升学生生活质量的同时，有效地促进了学校与学生之间的沟通和互动。

（三）信息化管理效果分析

信息化管理使学校能够全面地了解学生的情况和需求。通过信息化系统，学校可以实时收集学生的个人信息、学习成绩、社会实践等数据。基于此，学校可以对学生群体进行细分，了解每个学生的特点和需求。在进行个性化管理时，学校可以基于学生的信息制定相应的措施，从而更加精准地满足学生的需求。

信息化管理提高了学生管理工作的效率和便捷性。以往，学生管理可能需要大量的纸质文件和烦琐的人工操作。而通过信息化管理，学校可以将诸多工作过程数字化，并自动化处理。例如，学生注册、选课、查成绩等环节都可以通过信息化系统实现，大大节省了人力和时间成本。同时，学校领导可以通过信息化系统实时了解学生管理的情况，进行数据分析和决策，提高管理工作的效率和准确性。

信息化管理为学生提供了更加便捷的服务和互动渠道。学生可以通过信息化系统查询自己的学籍信息、课表、成绩单等，并进行在线申请、反馈和交流。这样，学生能够更加方便地获取所需的信息和服务，提高学习和生活的便利性。

参考文献

[1]程细平.高校学生管理工作与管理模式创新[M].北京:北京工业大学出版社,2022.

[2]程飞,邹彬.高校学生工作管理创新模式研究[M].北京:北京燕山出版社,2023.

[3]陆宝萍.高校学生公寓管理及文化建设初探[M].北京:北京理工大学出版社,2021.

[4]吴文静.高校学生管理与模式创新研究[M].北京:北京工业大学出版社,2023.

[5]沈佳,许晓静.基于多视角下的高校学生管理工作探究[M].北京:现代出版社,2022.

[6]谢学.高校大学生管理工作与传统文化融入[M].北京:北京工业大学出版社,2023.

[7]高健磊.新时期高校管理与发展路径探索[M].北京:中国政法大学出版社,2021.

[8]蔡静俏.高校学生就业与创新创业研究与应用[M].北京:现代出版社,2022.

[9]王春宝,张永越.高校学生管理创新理念研究[M].北京:中国商务出版社,2023.

[10]祁素萍.高校学生管理工作创新与研究[M].长春:吉林人民出版社,2021.

[11]冷天玖.互联网背景下高校学生管理模式创新研究[M].北京:中国水利水电出版社,2020.

[12]刘青春.信息时代高校学生管理模式的转变及创新[M].沈阳:辽宁大学出版社,2021.

[13]李玲.高校学生管理工作创新研究[M].长春:吉林人民出版社,2020.

[14]温立天,李美玲,蔡忠臣.高校学生管理模式与实践[M].沈阳:辽宁人民出版社,2022.

[15]张俊霞,杨瑞刚.高校学生管理实践探索[M].北京:现代出版社,2020.

[16]张晓英.新时期高校学生管理工作探索研究[M].长春:吉林科学技术出版社,2020.